John Mann und Lar Short

DER FEINSTOFFLICHE KÖRPER

Einweihung in Theorie und Praxis der Erweckung des Energiekörpers

WINDPFERD
Verlagsgesellschaft mbH.

Titel der Originalausgabe: *The Body of Light*
Erschienen bei Globe Press Books, Yorktown, New York

Illustrationen: Juan Li
Aus dem Amerikanischen von Matthias Schossig

1. Auflage 1991

Umschlaggestaltung: Wolfgang Jünemann
Gesamtherstellung: Schneelöwe, 8955 Aitrang
ISBN 3-89385-072-4

Printed in Germany

Inhaltsverzeichnis

Abbildungen

Tabellen

Danksagungen

Die Autoren sind allen ihren Lehrern, Schülern, Freunden und Kollegen, denen sie auf ihrem Forschungsweg durch die verschiedenen Traditionen begegnet sind, zu individuellem Dank verpflichtet.

Insbesondere möchten wir uns bei folgenden bedanken: bei Pandit Majrani Tigunait für viele hilfreiche Gespräche über den feinstofflichen Körper im Hinduismus und für die Einsichtnahme in das Manuskript seines demnächst erscheinenden Buches *Tantra Science and Practice* (Wissenschaft und Praxis des Tantra),

bei Meister Mantak Chia für eine Reihe erleuchtender Diskussionen über taoistisches Yoga,

bei Michael Winn für sein hilfreiches Lektorat des vierten Kapitels,

bei H. H. Dingo Khyentse Rinpoche für sein alles umfassendes Wesen und die Universalität seiner Lehren

und bei unserem »Stammguru« Swami Rudrananda (Rudi).

John Mann
Lar Short
26. Juni 1988

Einleitung

Jeder, der heutzutage an spiritueller Entwicklung interessiert ist, sieht sich einer verwirrenden Situation gegenübergestellt. Wenn er versucht, sich für einen Lehrer zu entscheiden oder einer Lehre zu folgen, stellt er fest, daß anscheinend alle für sich in Anspruch nehmen, die Besten zu sein.

Der Grund für diese Misere liegt sicher teilweise im hemmungslosen Wettbewerb, der auf dem spirituellen »Markt« herrscht. Teilweise liegt es sicher auch an den Egos vieler Lehrer, die tatsächlich glauben, daß sie und ihre Lehren die besten sind - eine Sicht, die meistens von ihren Schülern auch noch nach Kräften unterstützt wird.

Wenn alle Lehrer ähnlich wären, hätte man es nicht so schwer. Es wäre, wie wenn man sich einen Arzt sucht. Man könnte seine persönlichen Vorlieben entwickeln und die Kompetenz des Lehrers selbst einschätzen. Sie sind sich jedoch nicht ähnlich. Lehrer haben sehr verschiedene Stile und Methoden.

Zum Beispiel bekommt in einer bestimmten Lehre der Schüler die Aufgabe, alle Gedanken zu stoppen. In einer anderen wiederum wird er dazu angehalten, ein heiliges Wort oder einen Satz endlos zu wiederholen. In einer dritten wird er ermuntert, sich auf eine unkontrollierte visionäre Erfahrung einzulassen. Wie können alle diese verschiedenen Ansätze richtig sein?

Es gibt viele Möglichkeiten, diese verwirrende Situation zu erklären. Vielleicht ist sie auf ehrliche Meinungsverschiedenheiten zurückzuführen. Vielleicht liegt sie daran, daß jede Lehre sich auf die Kultivierung verschiedener Arten von Erfahrungen spezialisiert hat. Vielleicht ist sie auch beabsichtigt. Möglicherweise wollen sich die verschiedenen Lehren dadurch voneinander absetzen, daß sie ihre Unterschiede besonders betonen. Wie auf dem

Automobilmarkt werden womöglich relativ unbedeutende Differenzen im Detail gewaltig aufgeblasen, um das jeweils neueste Modell zu verkaufen. Worin auch immer der Grund bestehen mag, wir haben es heute mit einem spirituellen »Turmbau zu Babel" zu tun.

Eine Möglichkeit, etwas Ordnung in diese Verwirrung zu bringen, ist die genauere Untersuchung verschiedener Lehren durch Anlegen eines gemeinsamen Standards, der (wenn auch in verschiedenen Abstufungen) für alle Situationen gültig ist. In diesem Buch soll ein Drei-Körper-Modell diesem Zweck dienen. Dieses Verfahren hat den Vorteil, daß es einfach, aussagekräftig und allgemein akzeptiert ist. Im wesentlichen unterscheidet das Modell drei Ebenen der menschlichen Erfahrung: die physische Ebene (einschließlich körperlicher Empfindungen, Gedanken und Gefühle), die feinstoffliche Ebene (die sich mit dem geregelten Fluß von Energien im Körper befaßt) und die kosmische Ebene (in der alle Erfahrung auf ein universales Niveau gebracht wird). Vielleicht ist es etwas verwirrend, sich auf jede dieser Ebenen als »Körper« zu beziehen, denn nur der physische Körper hat eine klar definierte Form und Dichte. Der feinstoffliche Körper hat eine Form, aber er bietet keinen Widerstand. Er hat keine Dichte. Der kosmische Körper schließlich ist gänzlich formlos, d. h. er befindet sich überall gleichzeitig.

Die Beziehung des Menschen zu diesen drei Körpern kann auf zweierlei Weise aufgefaßt werden. Entweder die Körper existieren bereits, und das Problem besteht im wesentlichen darin, sich ihrer bewußt zu werden, oder anfangs existiert lediglich der physische Körper, und die beiden anderen müssen durch einen bewußten Prozeß der inneren Entwicklung erst geschaffen werden.

Gleich, welchem der beiden Modelle eine Lehre sich anschließt, immer erfordert es große Entschlossenheit und viele

Anstrengungen jedes einzelnen, um das letzte Ziel zu erreichen: das bewußte Funktionieren aller drei Körper in einem befreiten Menschen.

Bei der Verfolgung dieses Zieles nimmt der feinstoffliche oder Energiekörper eine zentrale Rolle ein. Er steht zwischen dem physischen und dem kosmischen Körper. Die Entwicklung des feinstofflichen Körpers wird zur Grundlage für den kosmischen Körper.

Der Titel dieses Buches, *Der feinstoffliche Körper*, bezieht sich auf zwei Stufen in diesem Prozeß der inneren Evolution. Die erste Stufe weist auf den feinstofflichen Körper hin, der oft als farbig schillernd beschrieben wird. Die zweite betrifft den Endpunkt der Entwicklung, in dem die physische Ebene völlig verklärt, »transfiguriert« ist und nur ein »Regenbogenkörper« übrigbleibt eine charakteristische, aber nicht materielle Seinsform, frei von allen physischen Beschränkungen. Das ist das letzte Ziel. Um jedoch so weit zu kommen, muß der feinstoffliche Körper aktiviert werden, und diesen Prozeß hat unser Buch zum Thema.

Alle spirituellen Lehren haben über die Natur dieses Prozesses etwas zu sagen. Unser Buch hat die Absicht, die verschiedenen Standpunkte zu vergleichen. Darüber hinaus werden spezifische Praktiken aus diesen verschiedenartigen Lehren vorgestellt. Die Praktiken können vom Leser, der sich für ihre relative Wirksamkeit interessiert und einen weiteren Schritt in der Kultivierung seines eigenen feinstofflichen Körpers gehen möchte, nachvollzogen werden.

Erster Teil

Der feinstoffliche Körper - Sein Wesen, seine Herkunft und sein Platz in verschiedenen Traditionen

Kapitel Eins

Das wiederkehrende Motiv

Der physische Körper ist die zentrale Schaltstelle für alle unsere Erfahrungen. Wenn er ernstliche Fehlfunktionen aufweist, ist alles, was wir wahrnehmen, verzerrt. Wenn er sich im Gleichgewicht befindet und entspannt ist, werden viele unserer Probleme und Schwierigkeiten immer nebensächlicher, bis sie schließlich völlig verschwinden. Der Einfluß, den unser Körper auf unser Bewußtsein hat, ist stärker als die Einflüsse von Geschichte, Kultur oder Psychologie, obwohl alle diese Faktoren eine nicht unwesentliche Rolle für unser Bewußtsein spielen. Der Grad der Aufmerksamkeit, den wir unserem Körper schenken, ist bei jedem von uns verschieden, und dennoch kann sich keiner von uns - außer im Schlaf, in der Ohnmacht oder im Sterben - dem Einfluß seines Körpers entziehen. Der Körper ist für uns genauso wichtig wie das Wasser für einen Fisch: Normalerweise spüren wir ihn nicht, es sei denn, es ist einmal etwas nicht ganz in Ordnung.

Hinter diesem grundlegenden Aspekt unseres Bewußtseins liegt ein weiteres, paralleles Konzept, das die Entwicklung des Menschen im Lauf der Geschichte begleitet hat: die Vorstellung von einer zusätzlichen, strahlenförmigen Struktur, die den physischen Körper durchdringt, aber in seinen Funktionen über diesen hinausgehen kann. Verschiedene Namen wurden erfunden, um dieses Konzept zu umschreiben: der »feinstoffliche Körper« oder »Astralkörper«, der »Energiekörper« oder der »Lichtkörper«. Beschreibungen der menschlichen Aura betonen immer wieder, daß diese Art von Energiekörper ein normaler Ausdruck der Lebenskraft ist, die in jedem von uns steckt. Es entstand sogar eine Form der medizinischen Diagnose, bei der die Qualität der Schwin-

Abb. 1: Die Chakren

gungen, die von verschiedenen Teilen des feinstofflichen Körpers ausgehen, beobachtet wird, um Unausgewogenheiten festzustellen und zu bestimmen, welche geistigen und seelischen Heilmaßnahmen ergriffen werden können, um die Balance und damit die

Gesundheit wiederherzustellen. Ursprünglich bezog sich das Interesse am feinstofflichen Körper jedoch in erster Linie auf das Potential der menschlichen Entwicklung. Erst später ging es um geistige und körperliche Gesundheit.

Die Chakren

Die verschiedenen Beschreibungen des feinstofflichen Körpers sind sehr unterschliedlich. Sie unterscheiden sich in Detail, Komplexität und manchmal auch im Grundaufbau. Die Elemente, um die es dabei geht, sind jedoch durchgehend dieselben. In ihrer einfachsten Form stellen sich diese Elemente als Energiezentren (Chakren) dar, zwischen denen es Verbindungen (Nadis) gibt.

Jedes Energiezentrum kann getrennt beschrieben werden als eine Art eigenes Organ, wie der Magen oder die Leber. Die Haupt-Chakren werden üblicherweise folgendermaßen lokalisiert:

a. an der Wirbelsäulenbasis
b. bei den Geschlechtsorganen
c. im Unterbauch
d. im oberen Teil des Brustkorbes
e. im Hals
f. zwischen den Augenbrauen (Drittes Auge)
g. am Scheitelpunkt des Kopfes (Kronen-Chakra)

Die Pfade, die die Chakren miteinander und mit dem Rest des physischen Körpers verbinden, können wie ein verfeinertes Lymphsystem beschrieben werden. Dadurch ist man versucht, die Chakren selbst oder die verbindenden Pfade zwischen ihnen als Bestandteile des physischen Körpers zu betrachten, was aller-

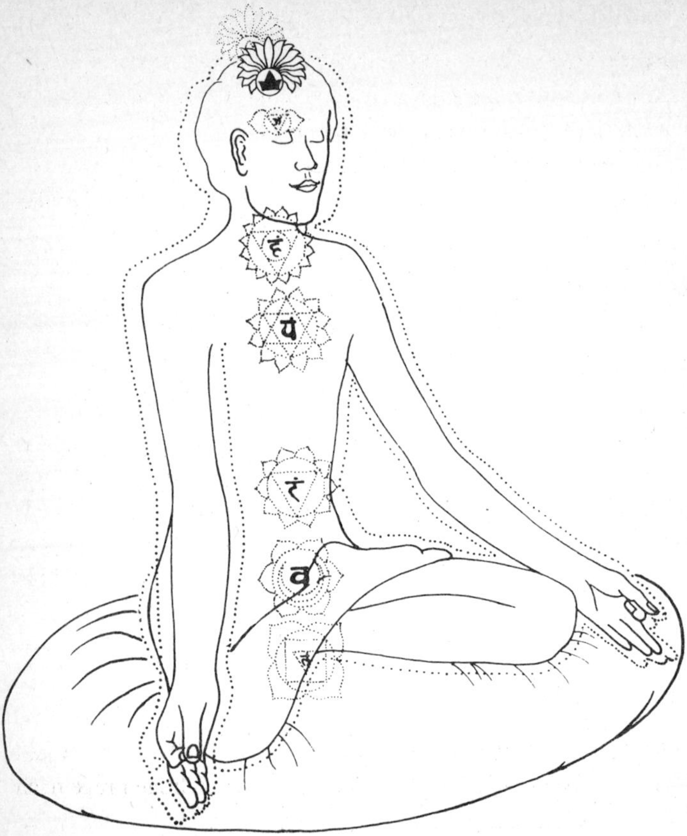

Abb. 2: Der feinstoffliche Körper kann durch körperliche Empfindungen wahrgenommen werden

dings nicht zutrifft. Kein Chirurg hat je bei einer Sektion ein Chakra freigelegt. Falls es Chakren gibt, dann nur auf einer subtileren Ebene energetischer Beziehungen. In der bildenden Kunst hat man, um die Vieldeutigkeit des feinstofflichen Körpers darzustellen, oft versucht, die Überlagerung verschiedener Dimensionen durch sich mischende Lichtgebung und verschwommene strukturelle Grenzen anzudeuten.

Wenn man die Literatur über dieses Thema durchsieht, stellt man fest, daß die meisten Darstellungen mit einer überwältigenden Detailfülle aufwarten. Das Chakra des Unterbauches wird beispielsweise in der Tradition folgendermaßen beschrieben:

> Das Manipura-Chakra wird vom Element Feuer regiert. Es erscheint als zehnblättriger Lotos um ein rotes Dreieck mit drei T-förmigen Swastika-Zeichen. Sein Keim-Mantra ist: »Ram«.

Trotz dieser sehr spezifischen Beschreibung wird selten hinterfragt, auf welcher Grundlage diese Merkmale basieren. Das ist besonders merkwürdig, weil der feinstoffliche Körper im Gegensatz zum physischen Körper oftmals ganz allgemein in Frage gestellt wird.

Die meisten Beschreibungen des feinstofflichen Körpers betonen seine verschiedenen Energiezentren. Da jedes dieser Zentren mit leicht zu identifizierenden menschlichen Funktionen in Verbindung gebracht werden kann, ist eine solche Orientierung nur zu verständlich. Die mindestens ebenso wichtige Frage nach den Beziehungen, die diese Zentren untereinander haben, wird dabei oft vernachlässigt oder völlig übersehen.

Das Herz-Zentrum wird dementsprechend oft als der Sitz der Liebe oder des Mitgefühls gesehen. Das »Hara«-Zentrum im Unterbauch wird mit der Lebenskraft identifiziert, mit innerem Gleichgewicht und der körperlichen Fitneß. Diese Zentren sind jedoch, obwohl völlig unterschiedlicher Natur, keineswegs unabhängig voneinander. Was auch immer mit einem Zentrum geschieht, betrifft gleichzeitig alle anderen, wie in jedem anderen System auch.

Im physischen Körper ist der Sinn jedes einzelnen physiologischen Systems innerhalb des Ganzen klar. Das Verdauungssystem absorbiert potentielle Nahrungsbestandteile, spaltet sie auf und scheidet alles wieder aus, was nicht verbrannt werden kann. Das Kreislaufsystem transportiert mit dem Blut die Nahrung und die Abfallprodukte zu allen Gegenden des Körpers und wieder zurück. Das Nervensystem überträgt Botschaften und koordiniert Informationen. Alle diese ineinandergreifenden Funktionen befinden sich in einem sensiblen Gleichgewicht und laufen zum überwiegenden Teil instinktiv ab.

Was ist aber nun Sinn und Zweck des Energiekörpers? An diesem Punkt bereits eine Antwort zu geben, wäre sicher etwas voreilig. Ein brauchbares Modell besteht darin, den feinstofflichen Körper als etwas Ähnliches wie das physische Verdauungssystem anzusehen. Ein wesentlicher Unterschied besteht jedoch darin, daß der feinstoffliche Körper nicht von unseren Instinkten gesteuert wird. Wenn er das würde, besäße ja jeder von uns einen funktionierenden feinstofflichen Körper. Die meisten Lehren stimmen jedoch darüber überein, daß dieser niemandem in den Schoß gelegt wird, sondern einen großen Aufwand an Zeit und Arbeit erfordert.

Das größte Hindernis zum Verständnis des feinstofflichen Körpers besteht vielleicht darin, daß er, mit gewöhnlichen Augen betrachtet, überhaupt nicht existiert. Man kann ihn weder berühren noch wiegen. Bedeutet das etwa, daß er ein kollektives Phantasieprodukt ist, das in verschiedenen Kulturen immer wieder auftaucht, interessant vielleicht durch seinen Symbolgehalt, aber völlig losgelöst von allem, was im Kontinuum unserer Realität existiert? Den Symbolgehalt gibt es sicherlich. Aber der feinstoffliche Körper kann auf dieselbe Weise wahrgenommen werden wie der physische Körper: durch Spüren.

Mach einen Versuch: Schüttle deine Hände aus, als wolltest

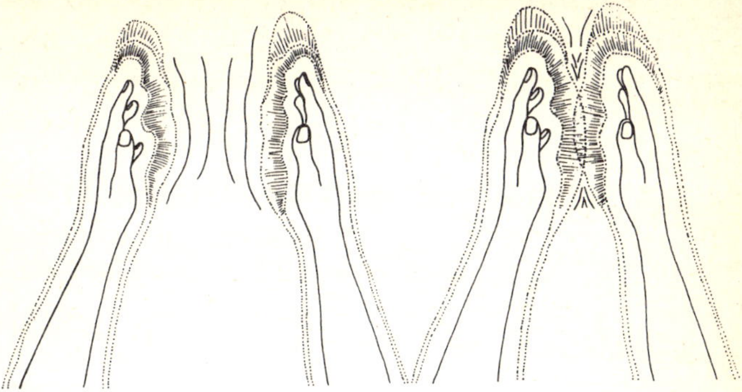

Abb. 3: Das Spüren der Energie zwischen den Handflächen

du eine Flüssigkeit von ihnen abschütteln. Dann bring sie langsam zusammen, die Handflächen zueinander. Achte auf den Moment, in dem die Energiefelder deiner Handflächen aufeinander einzuwirken scheinen. Vielleicht nimmst du das als ein plötzliches Ansteigen der Temperatur beider Hände wahr. Wenn du etwas spürst, experimentiere damit, indem du deine Hände langsam auseinanderbewegst und dann wieder zusammen, bis du dich davon überzeugt hast, daß diese Empfindung tatsächlich existiert. Dann halte deine Hände genau so, wie du sie gehalten hast, als dir die Empfindung zum erstenmal deutlich geworden ist. Laß zu, daß die Energie sich langsam aufbaut. Wenn das geschieht, versuche, ob du deine Hände langsam wieder auseinanderbewegen kannst, ohne daß du die Empfindung verlierst. Ist etwas passiert oder nicht? Falls nicht, was bedeutet das für dich? Die Tatsache, daß du etwas in deinen Händen gespürt hast, bedeutet zwar noch lange nicht, daß es einen Energiekörper gibt, aber es ist ein möglicher Hinweis.

Die Lehrer, die sich auf praktische Weise mit dem feinstofflichen Körper beschäftigen, vertreten gewöhnlich die Ansicht, daß man, wenn man sich an ihre Lehren hält, die allmähliche Entfaltung des feinstofflichen Körpers als unmittelbare körperliche Empfindung spüren kann. Solche Erfahrungen können von mystischen Visionen oder übersinnlichen Erlebnissen begleitet sein, aber das ist sekundär. Das Wesentliche dabei ist, daß jeder die unmittelbaren Sinneswahrnehmungen, die mit der Lokalisierung und Funktion von Energiezentren in Zusammenhang stehen, direkt wahrnehmen kann, vorausgesetzt, er folgt den Anweisungen und unternimmt im Lauf der Zeit die entsprechenden Anstrengungen. Der Glaube ist dabei nicht erforderlich. Die Bereitschaft zum Experiment ist alles, was man braucht.

Was du bisher gelesen hast, scheint recht einfach zu sein. Was man jedoch in der Literatur über den feinstofflichen Körper findet, ist eher verwirrend. Folgende Beispiele:

In der Hindu-Tradition wird das Nabel- (Unterbauch-) Zentrum mit Feuer, der Farbe Rot und der Silbe »Ram« in Verbindung gebracht, im tibetischen Buddhismus mit Wasser, der Farbe Weiß und der Silbe »Vam«. Es ist schwer zu glauben, daß beide Versionen gleichermaßen der Wahrheit entsprechen sollen.

Überdies ist die Farbensymbolik in verschiedenen Chakrasystemen widersprüchlich. Bernhard Gunther stützt sich beispielsweise in seinem Buch *Energy Ecstasy*[1] in erster Linie auf die Hindu-Tradition und ordnet den Chakren von oben nach unten folgende Farben zu: rot-orange, grasgrün, goldgelb, himmelblau und indigo-purpur. Im System des Buddhismus sind die Farben (in derselben Reihenfolge): gelb, weiß, rot, grün und blau. In der Farbentherapie und im Symbolismus des New Age sind sie ebenfalls verschieden von diesen und auch untereinander nicht einheitlich. Wenn jemand diese Beschreibungen für objektive übersinnliche Erfahrungen hält, ist er wahrscheinlich sehr erstaunt über diese Diskrepanzen, denn, was auch immer die verschiedenen Traditionen dabei im Sinn hatten, fast alle stellen die Farbverbindungen so dar, als seien sie objektiv.

Um die Verwirrung auf die Spitze zu treiben, lokalisieren einige Energiekörpersysteme die Chakren auf der Vorderseite des Körpers, andere innerhalb der Wirbelsäule und wieder andere entlang der Mittellinie des Körpers. Da jedes der Systeme ganz präzise Angaben über die Lokalisierung der Chakren macht, hat der unbedarfte Leser recht, wenn er von diesen offensichtlichen Widersprüchen verwirrt ist.

Das vorliegende Buch hat unter anderem die Absicht, einige dieser Differenzen zu lösen und die oberflächlichen und willkürlichen Unterscheidungen von den wesentlichen zu trennen. Alle Systeme identifizieren zum Beispiel spezifische Energiezentren und ihre Verbindungen untereinander. Sie werden üblicherweise mit spezifischen Klängen, Farben und diversen anderen symbolischen Formen wie Tieren und Gottheiten in Verbindung gebracht. Selbst wenn die Symbole verschieden sind, so stimmen doch wenigstens die Symboltypen überein.

Was die Rolle angeht, die der feinstoffliche Körper innerhalb des Gesamtzusammenhanges der menschlichen spirituellen Evolution spielt, so sehen ihn einige Traditionen als zentral an, während er anderen eher als eine Nebensache erscheint. Als Beispiel für letztere mag der Zen-Buddhismus dienen, der einen Schwerpunkt auf die Überwindung des logischen Funktionierens legt, damit eine höhere Form des Verstehens möglich wird. Wenn man einmal weiter nachforscht, wird man merken, daß dort dem Nabelchakra als Sitz des menschlichen Bewußtseins große Bedeutung beigemessen wird. Darüber hinaus geht man davon aus, daß der Energiekörper in einer umfassenderen Weise aktiviert wird, wenn dieses Zentrum immer wieder in den Brennpunkt der Aufmerksamkeit gerückt wird.

Wenn wir die angehäuften Weisheiten, aber auch den Schutt der Jahrhunderte durchkämmen, wird immer deutlicher, daß der Energiekörper trotz seiner relativen Unbestimmtheit ein wichtiges Bindeglied innerhalb einer höheren inneren Entwicklung ist. Er ist ein System zur Erzeugung höherer Energien durch eine Art innere Alchimie. Da jegliche Form von organischem Wachstum die richtige Nahrung braucht, ist der feinstoffliche Körper, der imstande ist, diese Nahrung zu erzeugen, die wesentliche Voraussetzung für eine grundlegende innere Transformation.

Wir leben heute in einer Zeit, in der Informationen über Chakren und die menschliche Aura weit verbreitet sind und bisweilen gar als eine Selbstverständlichkeit angesehen werden. Trotzdem ist es eine Tatsache, daß die meisten Menschen diesen wichtigen Bestandteil ihres Wesens, der für ihre geistige Entwicklung unerläßlich ist, überhaupt nicht wahrnehmen, obwohl er in jedem von uns im Keim angelegt ist.

Eines der Hauptziele dieses Buches besteht darin, einfache Methoden vorzustellen, mit denen der Wahrheitsgehalt dieser Thesen auf die Probe gestellt werden kann. Wir haben damit die Chance, die Materie nicht nur mit unserem Verstand zu begreifen, sondern sie mit allem, was dazugehört, uns auf organische Weise zu eigen zu machen. Dabei geht es uns nicht um eine akademisch gelehrte Abhandlung. Es geht vielmehr darum, dem Leser dabei behilflich zu sein, das, was er lernt, anzuwenden, um seine eigene innere Entwicklung zu fördern.

Ein Beispiel für diese Methode ist das folgende kleine Experiment:

Lege deine Aufmerksamkeit auf einen Punkt auf deiner Stirn, etwa drei Fingerbreit über dem Mittelpunkt zwischen deinen Augenbrauen. Halte deine Aufmerksamkeit in einer entspannten Weise auf diesem Punkt. Sobald du den Punkt klar spürst, laß den Brennpunkt deiner Aufmerksamkeit ein wenig

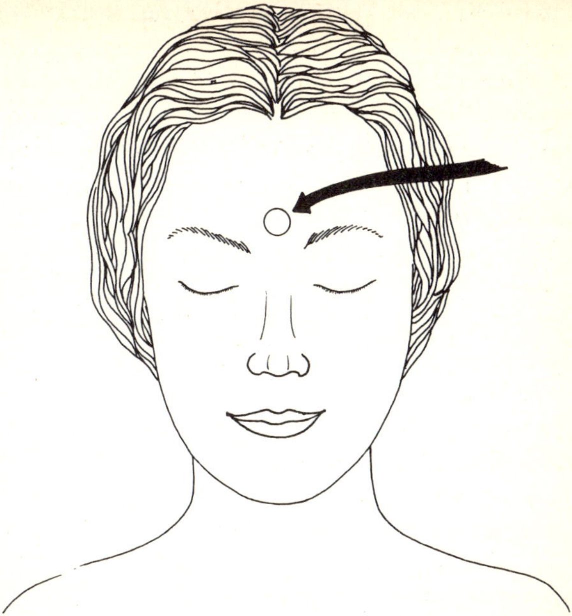

Abb. 4: Richte deine Aufmerksamkeit auf einen Punkt auf der Mitte der Stirn, nur wenig über den Augenbrauen

unter die Hautoberfläche wandern. Wenn du spürst, daß es dir gelingt, sage dir: »Dies ist das Zentrum meiner Wahrnehmung.« Anschließend halte einen Teil deiner Aufmerksamkeit für sechzig Sekunden auf diesem Punkt, ganz gleich, was um dich herum passiert. Wenn du willst, kannst du den Zeigefinger der rechten Hand nehmen und ihn langsam zur Stirn führen, bis du diesen Punkt leicht berührst. Entferne den Finger nach zehn Sekunden wieder und achte auf die Wirkung.

Wenn das funktioniert, möchtest du vielleicht noch einen Schritt weiter gehen. Halte deine Aufmerksamkeit auf den Punkt auf deiner Stirn konzentriert und achte auf deine Atmung. Du hast die ganze Zeit geatmet, ohne besonders darauf zu achten. Wenn du deine Aufmerksamkeit auf den Punkt zwischen deinen Augenbrauen hältst, während du einatmest, dann sorgst du dafür, daß zusätzliche Energie auf diesen Punkt gezogen wird. Halte deinen Atem kurz an und entspanne dich. Gib der Energie, die sich dort gesammelt hat, die Möglichkeit, sich auszudehnen. Wenn du dann losläßt und ausatmest, hast du die Möglichkeit, alle physischen und emotionalen Spannungen, die du in deiner Stirn festhältst, aufzugeben. Versuche für ein paar Minuten deine Aufmerksamkeit und deine Atmung auf diese Weise zu koordinieren. Nach dem Experiment hast du vielleicht einen ersten Vorgeschmack darauf, was geschieht, wenn du anfängst, bewußt ein Chakra zu öffnen, in diesem Fall das »Dritte Auge«.

Die Öffnung der Chakren

Im allgemeinen wird angenommen, daß die Arbeit mit dem Energiekörper auf bewußten Erfahrungen aufbaut, die durch entsprechende geistige Übungen entwickelt werden. Es ist jedoch unbestritten, daß spontane Erlebnisse eintreten können, die eine Öffnung der Chakren mit sich bringen. Der Wert dieser Erlebnisse besteht hauptsächlich darin, daß die betreffende Person am eigenen Leib erfährt, daß ein Energiezentrum tatsächlich existiert, gleich ob sie jemals davon gehört oder es überhaupt für möglich gehalten hat.

Das Zentrum, bei dem die größte Wahrscheinlichkeit besteht, daß es sich spontan öffnet, ist wohl das Herz-Chakra.

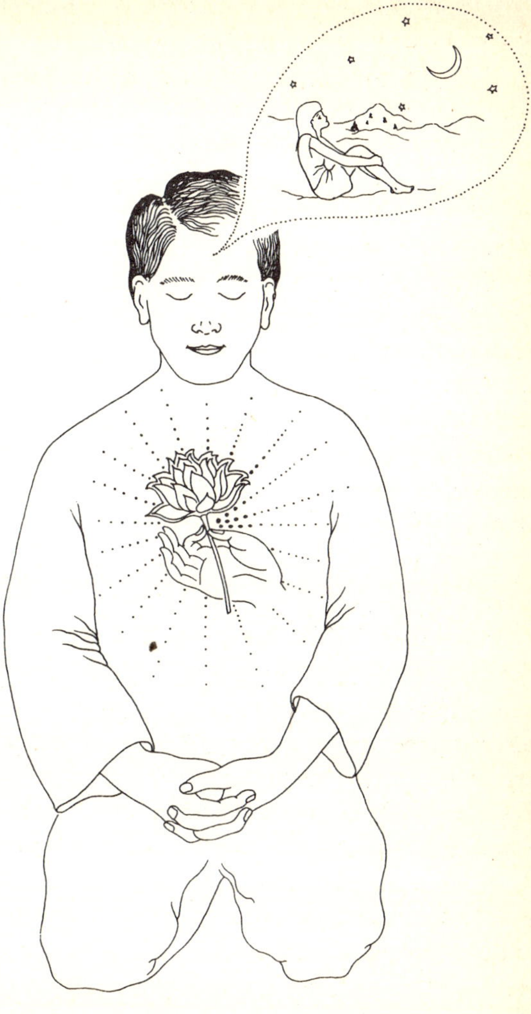

Abb. 5: Die spontane Öffnung des Herzens durch einen angenehmen Gedanken

Erinnere dich nur einmal an eine Situation, in der du mit jemandem zusammen warst, den du liebtest, ein Zusammensein, in dem ihr euch vollkommen entspannen konntet, vor dem Kamin oder bei einem stillen Abendessen zu zweit. Wie auch immer die Umstände waren, vielleicht hast du ja ein gewisses warmes, von innen strahlendes Gefühl im Zentrum deiner Brust gehabt. Wenn du dich an ein solches Gefühl erinnern kannst, hast du bereits einmal eine Öffnung des Herz-Chakras erlebt.

Eine andere Art von Öffnung, die vielleicht spontan schon einmal stattgefunden hat, steht mit dem Zentrum des Unterbauches in Zusammenhang. Die meisten von uns haben bei körperlicher Betätigung schon erlebt, daß auf einmal alles scheinbar wie von selbst geht. Das kann beim Sport passiert sein, beim Wandern oder auch beim Tanzen. Gleich, wo es geschehen ist, solche Momente bringen eine gesteigerte Aufmerksamkeit, Entspannung inmitten einer Aktivität und das Gefühl, plötzlich viel leichter zu sein. Man hat das Gefühl, daß das, was man gerade tut, aus eigenem Antrieb abläuft, ohne daß man sich bewußt daran beteiligen muß. Wenn dieses Gefühl dir bekannt vorkommt, war das Chakra deines Unterbauches wahrscheinlich schon einmal geöffnet und aktiv.

Das vielleicht in diesem Zusammenhang vertrauteste Erlebnis, ist für die meisten der ungehinderte Fluß der Energie, der in einem entspannten und harmonisch gestimmten Körper stattfindet. Dieser Fluß kann verschiedene Richtungen nehmen, die mit dem Energiekanälen- oder pfaden des feinstofflichen Körpers, wie sie in der traditionellen Literatur beschrieben werden, nicht unbedingt übereinstimmen. Denk einmal zurück an eine Zeit, in der du von Sorgen frei und nicht an Verpflichtungen und Verantwortungen gebunden warst, vielleicht bei einem Ausflug in die Berge oder im Urlaub am Meer, mitten in der Natur. Unter solchen Bedingungen bist du vielleicht überwältigt worden von einem entspannten Glücksgefühl und von einem Wirbel verschiedenster Empfindungen, die auf natürliche und mühelose Weise ineinander flossen und sich gegenseitig selbst ausglichen und regelten. In einem solchen Moment hast du alles, was du brauchst. Du bist wunschlos glücklich.

Es ist zwar natürlich, sich auf die Öffnung der verschiedenen Energiezentren im einzelnen zu konzentrieren, man sollte jedoch dabei nicht außer acht lassen, daß die Verbindung der Zentren untereinander gleichermaßen wichtig ist. Verschiedene Traditionen unterscheiden sich erheblich in ihrer Betonung dieser Verbindungen und ihrer Wichtigkeit. Im Kundalini-Yoga verläuft der Hauptverbindungskanal entlang der Wirbelsäule, mit zwei Nebenkanälen, die sich wie eine Doppelspirale um den Hauptkanal winden. Im Buddhismus verlaufen die beiden Nebenkanäle geradlinig. Im Taoismus hingegen wird eine wahre Landschaft von Energieschaltkreisen in allen Einzelheiten beschrieben. Diese Unterschiede schließen sich nicht unbedingt gegenseitig aus, sondern können auf Differenzen in der Praxis zurückzuführen sein oder auf verschiedene Ebenen, auf die man sich in der Praxis bezieht. Dazu kommt, daß im Lauf der Zeit Elemente der Lehre in Vergessenheit geraten sein können. Angesichts der großen Zeiträume, durch die diese Lehren überliefert wurden - teilweise mehrere tausend Jahre - ist es überhaupt erstaunlich, daß noch soviel bekannt ist.

Ein Energiezentrum ist wie die Knospe einer Blume. Wenn sie richtig gepflegt wird und genügend Sonne bekommt, öffnet sie sich und wird zu einer Blüte. Die Verbindungen zwischen den Zentren sind am ehesten einem feinen Kreislaufsystem vergleichbar. Sie können undichte Stellen entwickeln, regelrechte Löcher, oder sich durch Abfall und Schutt verstopfen. Wenn man mit diesen Verbindungen arbeiten will, muß man gewissermaßen zu einem spirituellen Elektriker oder geistigen Klempner werden, um die Verbindungsstücke zu reparieren und den Fluß zwischen den Zentren auszugleichen.

Es gibt ein breites Spektrum von Methoden, um das energetische System zu reinigen. Einige sind seltsam und kompliziert, andere ganz einfach. Zum Beispiel:

Setz dich bequem. Laß deine geöffneten Hände zu beiden Seiten locker hängen. Frag mit einer Stimme, die aus deinem Herz-Zentrum zu kommen scheint: »Bitte, hilf mir, meine negativen geistigen Verspannungen aufzugeben.« Dann entspann dich und sieh, was passiert. Wenn die Übung eine Wirkung zeigt, wirst du, sobald die negative geistige Verspannung herauszufließen beginnt, in deinen Händen eine Erwärmung und ein Kribbeln verspüren. Falls du nichts spürst, frag noch einmal mit größerem Nachdruck und tieferem Ernst. Höre, während du fragst, auf deine Stimme und frage dich, ob du ernsthaft genug fragst. Nach ein paar Minuten schüttle deine Hände aus, mach eine Faust, und der Fluß wird gestoppt.

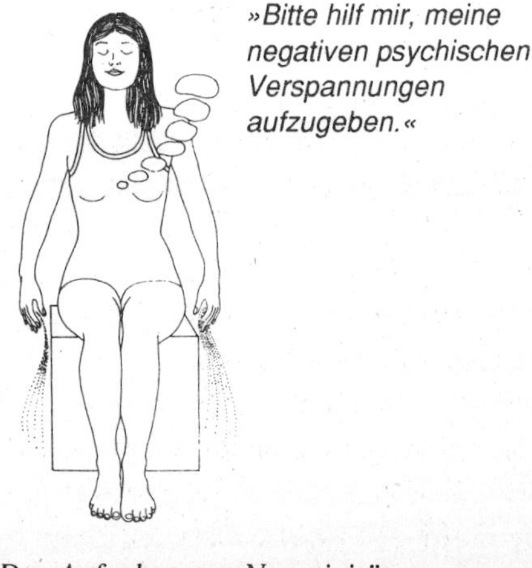

Abb. 6: Das Aufgeben von Negativität

Eine ganzheitliche Sichtweise

In der Vergangenheit haben einige Traditionen ihren Schwerpunkt auf die Arbeit an einzelnen Chakren gelegt und weniger auf die Verbindungen der Chakren geachtet. Das ist bedauerlich. Wenn die verschiedenen Kanäle nicht miteinander in Verbindung stehen, nicht kommunizieren können, dann können sie ihre Funktion nicht voll erfüllen. Die Chakren und das Netzwerk, das sie einschließt, sind Teil eines Ganzen, das nur verstanden werden kann und richtig funktioniert, wenn es in das System eingebunden ist, in dem es lebt und auf das es sich bezieht. Diese ganzheitliche Orientierung wird oft illustriert durch Darstellungen von Heiligen und Gottheiten, die von einer Aura oder einem Heiligenschein umgeben sind. Wenn eine solche Symbolik nur in einer oder zwei Traditionen aufträte, könnte man sagen, es sei Zufall. Aber es kommt zu oft vor, in gänzlich verschiedenen Kulturkreisen, um noch als Zufall gelten zu können. Eine einfachere Erklärung besteht darin, daß heilige Menschen besondere Eigenschaften annehmen, weil sie von einer höheren kosmischen Energie durchflutet werden. Die religiöse Kunst, versucht diese Eigenschaften dem Betrachter in einer Abbildung zu vermitteln, indem sie eine Kombination aus übersinnlicher Wahrnehmung und traditioneller Darstellung benutzt.

Alle, die sich längere Zeit mit dem menschlichen Energiefeld beschäftigt haben, stimmen überein, daß jeder Mensch eine Aura hat, eine farbige Ausstrahlung, die als Teil seines Lebensprozesses sichtbar wird. Frequenz und Intensität der Farben symbolisieren die Ebene der Energietransformation, die in der jeweiligen Person gerade stattfindet. Dunkelbraun ist dabei weniger wünschenswert als strahlend orange. Eine Person, in der der feinstoffliche Körper vollständig funktioniert, hat diesen Transformationsprozeß in sich stark beschleunigt. Das findet seinen Ausdruck in einem erweiterten und gereinigten Energiefeld, das den physischen Körper umgibt. Es ist kein Zufall, daß die Aura von heiligen Menschen golden dargestellt wird, eine seltene, reine Ausstrahlung.

Heiligendarstellungen können den Eindruck erwecken, daß der betreffende Heilige mit einem Heiligenschein geboren wurde oder ihn in einem Augenblick großer Erleuchtung erhalten hat. Das ist jedoch irreführend. Das Licht, das gezeigt wird, ist die Begleiterscheinung eines allmählichen Entwicklungsprozesses, vergleichbar mit einem Baum, der seine Größe durch viele Jahre kontinuierlichen Wachstums bekommen hat. Religiöse Künstler erzählen uns seit Jahrhunderten, daß es einen feinstofflichen Körper gibt und daß der wahrhaftigste Ausdruck der Heiligkeit eines Menschen die Qualität des Lichtes ist, das von ihm ausgestrahlt wird.

Eine ganze Anzahl von mystischen Systemen beschreibt den feinstofflichen Körper als eine Stufe auf dem Weg der Verfeinerung des menschlichen Wesens. Obwohl verschiedene Worte zur Beschreibung dieses Phänomens gebraucht werden und interkulturelle Vergleiche manchmal etwas verwirrend sein können, legt die ständige Wiederkehr dieser Begriffe ein allgemeingültiges Modell der spirituellen Entwicklung nahe. Im Mahayana-Buddhismus wird ein Buddha in Form dreier Körper gesehen: »Nirmanakaya« (»Körper der Verwandlung«), »Sambhogakaya« (»Körper des Entzückens«) und »Dharmakaya« (»Körper der Großen Ordnung«). Die teilweise entsprechenden Gegenstücke im Hinduismus sind der »grobe«, der »feine« und der »kausale« Körper. Die Hauptüberlegung in unserem Zusammenhang besteht darin, daß man den Energiekörper aktivieren und nutzen muß, um zu den höheren Körpern, deren Funktionen und dem damit verbundenen Bewußtsein zu gelangen. So gesehen, stellt der Energiekörper das wichtigste Bindeglied in der spirituellen Entwicklung des Menschen dar.

In vielen Systemen wird die Wichtigkeit des Energiekörpers unterschätzt. Andere scheinen ihn völlig zu ignorieren. In der

Abb. 7: Der Heiligenschein um Christus

Abb. 8: Die Aura einer buddhistischen Gottheit

Religion und Mystik von Christentum, Islam und Buddhismus steht gleichermaßen die Liebe im Vordergrund. In allen diesen Religionen scheint es eine Konzentration auf die Aspekte der Verehrung und des Gehorsams zu geben. Man kann diesen Ansatz als Kultivierung des Herz-Chakras sehen, jedoch nur auf sehr indirekte Weise.

Andere Wege betonen die geistige Kontrolle. Beispiele dafür finden sich in der Kabbala, im Raja-Yoga, im Zen-Buddhismus und in verschiedenen tantrischen Visualisierungspraktiken. Diese Systeme konzentrieren sich auf den Versuch, Gedanken zu kontrollieren, zu lenken oder auszuschalten. Hier wiederum könnte ein indirekter Zusammenhang gesehen werden mit der Öffnung der Chakren im Kopf, es wird jedoch wenig oder keine Notiz davon genommen.

Oft können sogar in Systemen, die sich nicht direkt auf den feinstofflichen Körper beziehen, mit etwas Phantasie und viel detektivischer Fleißarbeit, wichtige Aspekte zutage gebracht werden. Dafür gibt es gerade in jüngster Zeit verschiedene Beispiele. Der indische Lehrer J. Krishnamurti war unter allen Umständen darauf bedacht, traditionelle Denkweisen peinlichst zu vermeiden, und wies die meisten bekannten Lehrer und ihre Lehren zurück. Er legte sein Hauptaugenmerk darauf, ein Bewußtsein außerhalb des Zusammenhangs jeglicher Tradition zu begründen. Er lehnte den Begriff des feinstofflichen Körpers ab. Dennoch ist es interessant, sein eigenes Tagebuch[2] zu lesen, in dem er berichtet, wie vierzig Jahre lang ununterbrochen ein schmerzhafter Energiefluß in seinem Kopf und seiner Wirbelsäule verschiedene spirituelle Übungen begleitete. Diese Beschreibung ähnelt auffallend Berichten von der Erweckung der Kundalini, einer Praxis, die zweifellos als wesentlicher Bestandteil der Praxis des Umganges mit dem feinstofflichen Körper gilt.

Ein weiteres Beispiel ist der hinduistische Heilige Sri Ramana Maharishi, der sich auf die Frage konzentrierte: »Wer bin ich?«, die er als den direktesten Weg zur Erleuchtung sah. Einer seiner wichtigsten Schüler, Sri Sadhu Om[3], erläuterte kürzlich, daß das »Ich«, wenn es am Morgen erwacht, aus dem Herz-

Zentrum zum Gehirn und von dort durch verschiedene Energiekanäle schießt, die das Gefühl für Identität innerhalb des Körpers verbreiten. In dieser Beschreibung wird das System der Chakren anerkannt, obwohl es in der Methode des Maharishi im allgemeinen heruntergespielt oder ignoriert wird, um die Wichtigkeit der Identität des Menschen als Schwerpunkt der Religion des Hinduismus zu betonen.

Eine Möglichkeit, diese Diskrepanzen zu deuten, wäre, daß jeder von der Tradition beeinflußt ist, in der er erzogen wurde, und daher seine Erfahrungen im Licht seiner Tradition sieht. Wenn unser Hintergrund ein System einschließt, das die Vorstellung des feinstofflichen Körpers beinhaltet, dann wird unsere Erfahrungswelt auch Mittel und Wege finden, dies zu unterstützen. In einem System allerdings, in dem die Betonung auf einer plötzlichen, spontanen Transformation und Offenbarung liegt, ist es wahrscheinlich, daß die Bedeutung des feinstofflichen Körpers heruntergespielt wird. Wenn dieser Körper jedoch eine Realität ist, und die Erfahrungen des Menschen dies bestätigen, dann müssen Religion und Erfahrungswelt in Übereinstimmung gebracht werden können, selbst wenn man manchmal lange suchen muß, um Verbindungen zwischen beiden zu finden.

In den folgenden Kapiteln des ersten Teiles werden verschiedene Modelle des feinstofflichen Körpers vorgestellt, analysiert und miteinander verglichen. Teile des vorgestellten Materials werden dem Leser vielleicht sonderbar oder sogar etwas dubios vorkommen. Letztlich läuft jedoch alles darauf hinaus, ob die vorgestellten Dinge erfahrbar sind. Wenn dies der Fall ist, dann sind sie von potentiell großer Wichtigkeit. Wenn nicht, dann werden selbst die kompliziertesten Modelle sich wie dünner Nebel auflösen, und wir brauchen uns nicht weiter um sie zu kümmern.

Kapitel Zwei

Die hinduistische Tradition

Die Ursprünge der hinduistischen Tradition sind schwer auszumachen, aber die Glanzpunkte ihrer Geschichte kann man relativ leicht identifizieren. Vor etwa dreitausendfünfhundert Jahren, mit der Invasion der Arier in Nordindien, wurde ein neuer kultureller Einfluß in die einheimische drawidische Kultur eingeführt, die vorher die Erde und das Weibliche als Verkörperung der schöpferischen Energie verehrt hatte. Der arische Einfluß war im Gegensatz dazu männlicher Natur und erhob die Sonne zur Gottheit. Die beiden Kulturen waren völlig entgegengesetzt. Die Hindus haben sich jedoch im Laufe der Jahrhunderte darauf spezialisiert, fast jeden fremden Einfluß zu absorbieren. Dadurch ist eine einzigartige kulturelle Synthese entstanden, besonders in philosophischer und spiritueller Hinsicht.

Die großen literarischen Errungenschaften der frühen indischen Gesellschaft waren die Veden. Sie umfaßten die Samhitas und Brahmanas (darunter die berühmten Upanischaden), die Sutras und solche klassischen Epen wie die Ramayana und die Mahabharata. Sie haben bis heute nichts von ihrem Glanz verloren. Trotz ihrer literarischen und philosophischen Qualität sagen sie jedoch sehr wenig über den feinstofflichen Körper aus. Es gibt allerdings einige interessante Ausnahmen. In der Chandogya-Upanishad beispielsweise heißt es:

> Einhundert und Eins zählen die Kanäle des Herzens.
> Von diesen erstreckt sich bloß einer bis in den Kopf;
> Durch diesen gehe in die Unsterblichkeit!
> Die anderen, bei deinem Abschied,
> gehen irgendwohin verloren.[1]

Diese Beschreibung zielt direkt auf die Verbindung zwischen dem Herz- und dem Kronen-Chakra, beides wichtige Zentren des feinstofflichen Körpers. Diese Zentren werden auf eine Weise vorgestellt, als ob der Leser sich des Zusammenhanges, in dem sie präsentiert werden, bereits bewußt sei. Die Datierung und das Umfeld dieses Textes ist jedoch, wie bei allen indischen Schriften, schwer festzustellen. Das liegt daran, daß sie aus mündlichen Überlieferungen stammen, die von Volkssängern und Lehrern aus einer Zeit überliefert wurden, die weiter zurückreicht als alles, was wir zeitlich festlegen können.

Die vielseitige literarische Tradition wurde erst in der Gutpa-Periode, etwa im siebenten und achten Jahrhundert unserer Zeitrechnung, wirklich umfassend aufgezeichnet. Das spiegelt sich in der Kunst jener Zeit wider und wird fast ausschließlich in der tantrischen Tradition ausgedrückt. Die zentrale Eigenart dieser Tradition ist es, alle kulturellen Elemente in einem umfassenden, integrierten System zu vereinigen.

Die tantrischen Schriften sind unendlich vielseitig und dekken so verschiedene Gebiete ab wie Medizin, Magie, Astrologie, Naturwissenschaft, Regierungskunst, zwischenmenschliche Beziehungen und schließlich den feinstofflichen Körper. Letzteres Thema lief gewöhnlich unter der Bezeichnung: »Tantra-Yoga«.

Das Wesen des Yoga

Yoga ist im wesentlichen die praktische Wissenschaft der geistigen Entwicklung. Sie gründet auf den Erfahrungen, die von Schülern und Lehrern, die einen Großteil ihres Lebens dieser Praxis gewidmet haben, gesammelt wurden. Es gibt viele Formen des Yoga, jede davon für einen anderen Menschentypus. Eine Möglichkeit der Klassifizierung, die von W. Y. Evans-Wentz[2] vorgeschlagen wurde, ist folgende:

1. Hatha - körperliche Kontrolle
2. Laya - geistige Kontrolle
   a. Bhakti - Liebe
   b. Shakti - schöpferische Energie
   c. Mantra - heilige Töne
   d. Yantra - heilige Formen
3. Dhyana - Denken
4. Raja - Unterscheiden
   a. Jnana - Wissen
   b. Karma - Aktivität
   c. Kundalini - übersinnliche Nervenkraft
   d. Samadhi - ekstatische Selbsterkenntnis

Die verschiedenen Arten von Yoga könnte man auch »einführend«, »weiterführend« und »fortgeschritten« nennen. Im allgemeinen wird Hatha-Yoga als Einführung für andere Übungsarten gesehen, während Raja- und Kundalini-Yoga als die höchsten Formen gelten.

Swami Rama, der Gründer des *Himalayan International Institute* stellt Kundalini-Yoga als die Krönung der Yoga-Erfahrung dar, indem er sagt: »Von allen Systemen, die das innere

Wesen des Menschen studieren, ist die Wissenschaft des Kundalini-Yoga die am weitesten entwickelte.«[3]

Diese deutlichen Worte von einem Zeitgenossen, der als unbestrittene Kapazität auf seinem Gebiet gilt, sind in unserem Zusammenhang besonders wichtig, weil Kundalini-Yoga auf dem feinstofflichen Körper aufbaut und mit ihm arbeitet.

Die praktischen Übungen im Yoga sind bedeutend älter als alle Schriften, die sich auf sie beziehen. In Mohenjo Daro wurde eine sehr alte Skulptur gefunden, die offenbar einen archetypischen Yogi darstellt. Diese kleine Skulptur wurde auf ungefähr 2400 v. Chr. datiert. Wir konzentrieren uns hier jedoch auf die tantrische Tradition des siebenten bis zehnten Jahrhunderts n. Chr. und lassen die frühesten Ursprünge des Yoga außer Betracht. Die tantrische Tradition dieser Zeit beeinflußte den Hinduismus, den Buddhismus und den Jainismus und ist eine Alternative zu den orthodoxen Formen dieser Religionen. Alle diese Religionen weisen gemeinsam die weltliche Erfahrung als Quelle zur Erkenntnis der inneren geistigen Realität zurück.

Abb. 9: Darstellung eines Yogi auf einem antiken Siegel aus dem Industal

Tantra-Yoga

In der Ausübung des Tantra-Yoga wird davon ausgegangen, daß man auf dem Weg über das sinnliche Erleben zur Erleuchtung in Ekstase finden kann. Die Sinne sollen nicht zurückgewiesen, sondern transformiert werden, damit sie den Menschen nicht noch tiefer in das Netz des Weltlichen verstricken, sondern ihm helfen, zurück zur Quelle seines Wesens zu finden.

Dies unterscheidet Tantra von allen anderen Arten des Yoga. Der Tantriker wendet Methoden an und begeht Handlungen, die sich von vielen traditionellen Systemen unterscheiden. Es kommt vor, daß er bei den Toten meditiert, sich an orgiastischen Ritualen beteiligt oder magische Zeremonien durchführt, die die Gegenwart einer Gottheit anziehen sollen.

Bei gewöhnlicher Betrachtung mögen diese Praktiken primitiv, seltsam oder gar blasphemisch erscheinen. Es ist jedoch unmöglich, ihre Intention von außen zu beurteilen. Für jede sichtbare Handlung gibt es einen entsprechenden geistigen Zustand, den es anzustreben gilt und der von Natur aus unsichtbar ist. Was auch immer der Inhalt eines bestimmten Rituals sein mag, gleich ob es formal oder spontan geschieht, es dient immer dem freudigen Ausdruck der Energie, die der Tantriker, sobald sie frei wird, in sich aufnimmt, um sein Wachstum zu fördern.

Eine innere Entwicklung, gleich welcher Art, ist immer mit der Überwindung eines Widerstandes verbunden und erfordert Anstrengungen, die zu einem bestimmten Ziel führen. Der Tantriker setzt jede Art sinnlichen Erlebens ein, um die Motivation in Richtung des Zieles zu fördern. In den sinnlichen Reizen sieht er kein Hindernis. Er sagt »ja« zur Welt und fährt fort, die Welt neu zu erschaffen, damit sie ihm bei seiner eigenen Entwicklung behilflich sein kann.

Abb. 10: Ein Aghora-Tantriker meditiert über dem Leichnam einer jungen Frau

Diese Sichtweise hat viel mit einem kreativen Künstler gemeinsam. Maler, Bildhauer und Dramaturgen nehmen auf ihre Weise Elemente des alltäglichen Lebens auf und transformieren sie in eine Ausdrucksform auf höherer Ebene. Als Persönlichkeiten mögen solche Menschen oft einseitig erscheinen, aber in ihrer Kunst erreichen sie eine Auflösung ihrer Erfahrungswelt, die ihnen letztendlich ästhetische Erfüllung gewährt.

Der Tantriker hat kein Interesse an einem äußerlichen Endprodukt, das Produkt seiner Kreativität ist er selbst. Daher sieht er in allen Elementen seines Lebens die Möglichkeit, sie als ein Ritual zu gebrauchen, dessen Nutzung für ihn ein Mittel ist, ein höheres Niveau geistiger Entwicklung zu erlangen.

Um das zu erreichen, setzen tantrische Übungen sämtliche Sinne ein: Sehen, Hören, Spüren und Schmecken, alle Wahrnehmungen werden miteinander verschmolzen, um in einer bestimmten Umgebung eine ritualisierte Handlung zu begehen. Die kunstvollste Ausdrucksform des Tantra arbeitet visuell. Ihre bekannteste Form ist das Mandala, ein kosmisches Diagramm, das eigens zu dem Zweck entworfen wurde, das Bewußtsein des Betrachters zu verändern. Viele dieser Mandalas sind von bestechender Schönheit. Das ist jedoch nicht das Wesentliche. Der eigentliche Sinn des Mandalas besteht darin, als ein Tor zu den höheren Dimensionen des Bewußtseins zu dienen. Alle tantrische Kunst ist Gebrauchskunst, keine Dekoration. Das heißt jedoch nicht, daß sie nicht bisweilen prächtig, aber auch primitiv oder heiter sein kann. Die Absicht der tantrischen Kunst ist es jedoch immer, den Betrachter auf eine höhere Erfahrungsebene zu bringen und nicht die tägliche Realität als Selbstzweck darzustellen.

Tantra-Yoga konzentriert sich eher auf Energie als auf Struktur. Die Betonung liegt immer auf der Erkenntnis des Energieflusses, der hinter der sichtbaren Erscheinungswelt liegt. Die Hindu-Gottheit Kundalini ist die universale schöpferische Kraft. Die Arbeit mit dem feinstofflichen Körper ist organischer Bestandteil der tantrischen Tradition, wie sie im Kundalini-Yoga ihren Ausdruck findet.

Tantra-Yoga hat sich in einer Kastengesellschaft entwickelt, in der jeder einzelne in eine unveränderliche Stellung hineingeboren wurde, von der er nicht erwarten konnte, daß sie sich im Laufe seines Lebens ändern würde. Mitglieder verschiedener Kasten konnten keine Verbindungen eingehen. Endlose Gesetze regelten

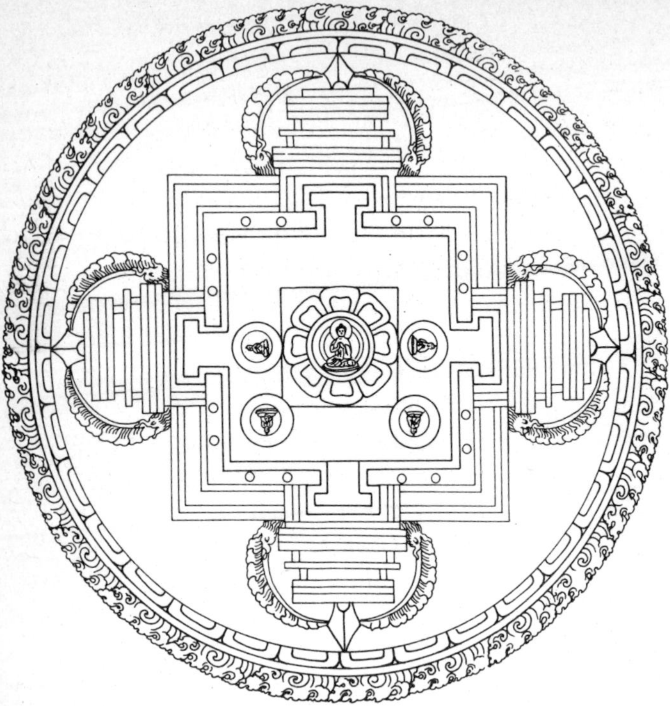

Abb. 11: Das Mandala der fünf Buddha-Familien

jede Kleinigkeit des täglichen Lebens. Die Hindu-Tantriker haben den bewußten Versuch unternommen, alle diese Verbote zu zerstören oder zumindest zeitweise außer Kraft zu setzen, um die Energie, die durch sie zurückgehalten wurde, freizusetzen. In der berühmten Chakra-Zeremonie wurden daher alle sozialen, ehelichen und sexuellen Regeln sowie alle Gesetze, die mit Ernährung und Kastensystem zu tun hatten, absichtlich verletzt. Die Wirkung dieser Zeremonie muß mächtiger gewesen sein, als für uns, die wir in einer freien Gesellschaft leben, vorstellbar ist.

Eine Klischeevorstellung, die man sich von der tantrischen Tradition macht, ist, daß Tantra von exotischen sexuellen Praktiken geprägt ist. Diese Annahme ist zwar nicht ganz unbegründet, die gesamte Tradition unter diesem Vorzeichen zu sehen, wäre jedoch vergleichbar mit der Annahme, daß die Essenz der westlichen Kultur im Hot Dog besteht. Dennoch ist es richtig, zu sehen, daß die Tantriker erfolgreich die männliche Dominanz in der indischen Gesellschaft überwunden haben, die durch die Invasion der Arier zustandegekommen war. Sie stellten eine gewisse Ausgewogenheit wieder her, indem sie die Wichtigkeit des weiblichen Prinzips betonten. Eine zentrale Rolle in der tantrischen Philosophie spielt die Balance des Männlichen und des Weiblichen als Grundlage für ein höheres Bewußtsein. Diese Sicht widerspricht der althergebrachten religiösen Einstellung, die oft die Sexualität unterdrückt und es erforderlich macht, daß der Novize allen weltlichen Freuden entsagt, um die Erleuchtung zu erlangen. Das Ziel beider Wege ist dasselbe: die Erlangung eines kosmischen Seinszustandes. Die Mittel sind jedoch total verschieden. Es ist kein Zufall, daß die energetische Entwicklung des feinstofflichen Körpers ihre adäquate Umgebung in der tantrischen Tradition gefunden hat.

Kundalini-Yoga wurde zum erstenmal in einer Reihe von tantrischen Schriften beschrieben, die im Shat-Chakra-Nirupana in der Mitte des 16. Jahrhunderts zusammengefaßt wurden. In unserer Zeit wurde dieses Thema im Westen durch das Buch *Die Schlangenkraft*[4] zugänglich gemacht. Dieses Buch widmet sich der detaillierten Darstellung der Anatomie des feinstofflichen Körpers innerhalb des Kontextes einer Kosmologie, die die Welt als Spiel von schöpferischen Energien sah.

Die Anatomie des feinstofflichen Körpers

Bevor wir die speziellen Beschreibungen der Chakren in *Die Schlangenkraft* im einzelnen vorstellen, ist es sicher hilfreich, erst einmal einige der impliziten oder expliziten Voraussetzungen klarzustellen, die die grundlegende Orientierung dieses Buches bestimmen.

Die erste Voraussetzung ist, daß der feinstoffliche Körper Teil des universalen Erbes eines Menschen ist. Er ist nicht das Erbe einer bestimmten Kultur oder Tradition. Darüber hinaus besteht er aus hinduistischer Sicht bereits in jedem von uns. Wir müssen ihn lediglich freisetzen und ihm helfen, aktiv zu werden.

Zum zweiten besteht der feinstoffliche Körper aus Energiezentren oder Chakren, den Kanälen zwischen diesen, sowie aus den Kanälen, die von den Chakren zu allen Teilen des physischen Körpers führen. Diese Kanäle werden *Nadis* genannt. Weder die Nadis noch die Chakren sind auf der physischen Ebene sichtbar, aber sie können durch geistige Schau und körperliches Spüren wahrgenommen werden. Insgesamt legen hinduistische Texte ein größeres Schwergewicht auf das Wesen der Chakren selbst als auf die Verbindungen zwischen ihnen, obwohl beide als gleichwertig gesehen werden.

Zum dritten ist der feinstoffliche Körper Teil eines Systems höherer Körper. Während verschiedene Hindu-Philosophien verschiedene Anzahlen dieser Körper beschreiben, enthält die einfachste Version lediglich drei: den physischen, den feinstofflichen (Astral-) und den kosmischen Körper. Der physische Körper wird von Physiologie und Medizin untersucht. Der feinstoffliche Körper ist Gegenstand des Buches. Der kosmische Körper ist das Mittel, mit dem der Mensch sich auf das Universum als totale Erfahrung

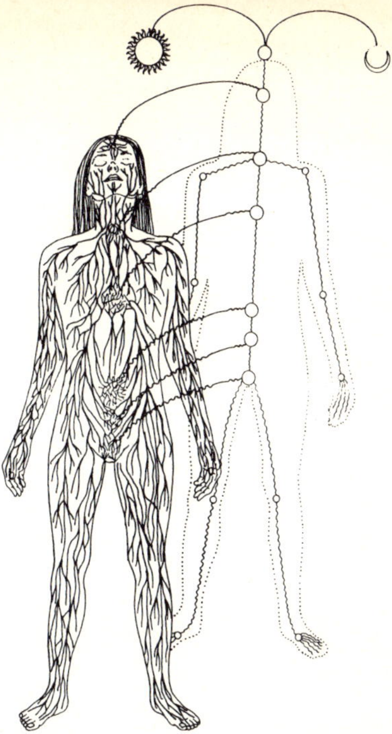

Abb. 12: Der physische Körper ist mit dem feinstofflichen Körper duch die »Nadis« verbunden

beziehen kann. Es wird zwar nicht immer ausdrücklich erwähnt, aber im allgemeinen geht man davon aus, daß die einzelnen Körper aufeinander aufbauen. Es beginnt mit dem physischen, entwickelt sich zum feinstofflichen und findet seinen höchsten Ausdruck im kosmischen. Der Unterschied zwischen dem feinstofflichen und dem kosmischen Körper kann deutlich an den typischen Abbildungen dieser beiden Körper abgelesen werden. Die Bedeutung des jeweiligen Symbolismus ist dabei vielleicht

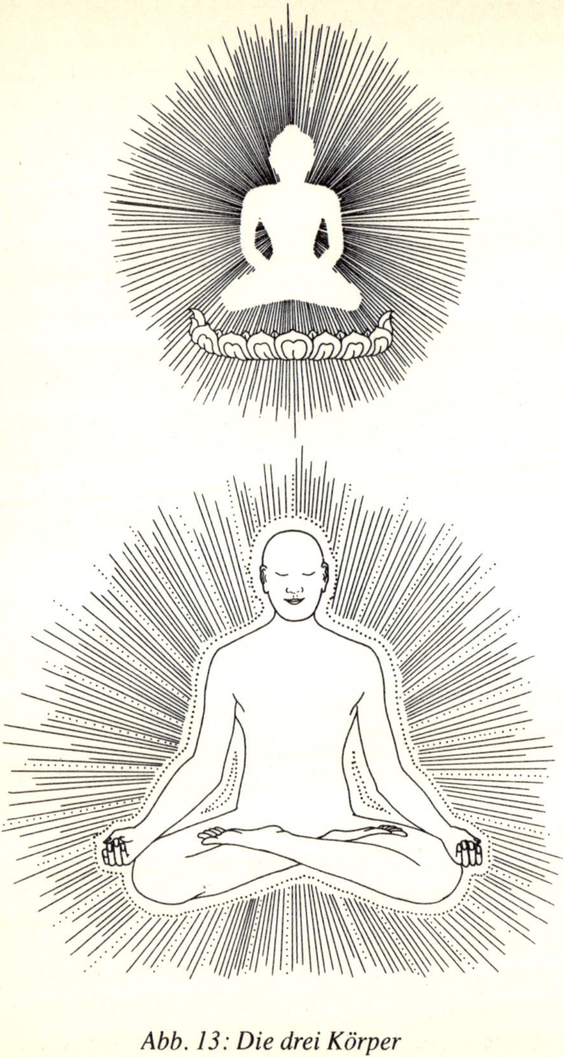

Abb. 13: Die drei Körper

unklar, aber die Unterschiede in der Art und Weise des Dargestellten sind nicht zu übersehen.

Es ist für den westlichen Menschen nicht leicht, die scheinbar endlosen gelehrten Unterscheidungen, die es in der hinduistischen religiösen Literatur gibt, zu verstehen. Jede Schlußfolgerung, die einmal bezüglich des feinstofflichen Körpers gezogen wurde, wurde von der Nachwelt erweitert, in Frage gestellt oder verändert, in einer endlosen Vielfalt von Interpretationen und Neuinterpretationen der klassischen Texte.

Bei näherer Betrachtung von Schriften wie der Sat-Chakra-Nirupana und älteren Texten wie das Matrekabhedatantra, die Tararahasya und die Saradatilaka, auf denen sie aufbauen, ergibt sich ein Modell, über das sich alle Autoritäten einig sind und das in seinem grundlegenden Aufbau erstaunlich einfach ist. Es gibt eine unterschiedliche Anzahl von Chakren in verschiedenen Tantras und Schriften, einige davon sind in allen Quellen anzutreffen:

a. Muladhara
b. Svadhishthana
c. Manipura
d. Anahata
e. Vishuddha
f. Ajna
g. Sahasrara

Abbildung 14 zeigt, wo diese Chakren innerhalb des menschlichen Organismus lokalisiert sind.

Dies ist die klassische hinduistische Sicht der Organisation des feinstofflichen Körpers, mit den Chakren in einer Linie, von der Basis des Rückgrats aufwärts, entlang seiner Achse, am Scheitel des Kopfes endend.

Um die Beziehung der Chakren zur feinstofflichen Anatomie des Rückgrats zu verdeutlichen, ist ein weiteres Diagramm nötig.

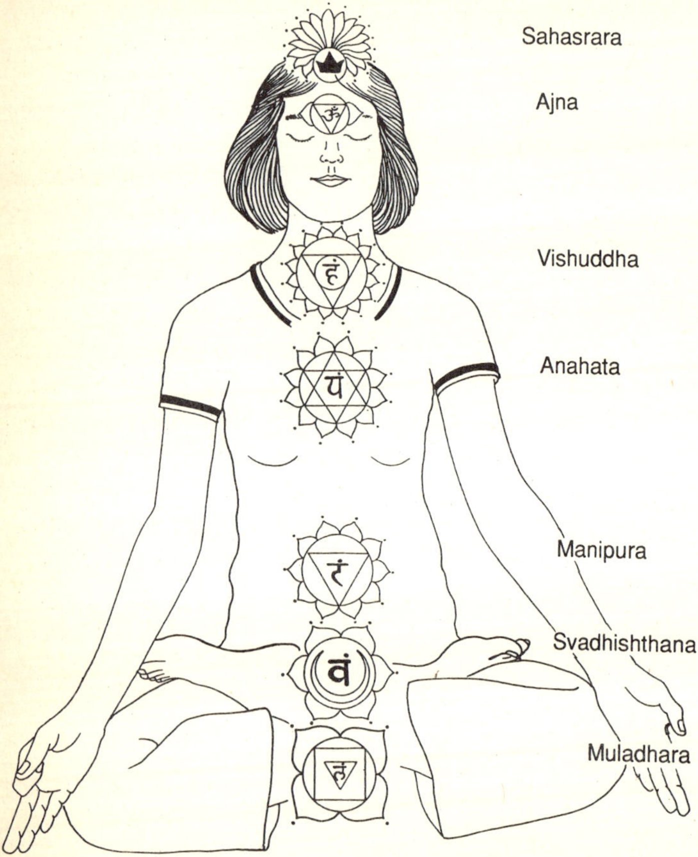

Abb. 14: Die sieben Chakras

In Abbildung 15 ist die Wirbelsäule mit einer Reihe von Hüllen dargestellt. Nicht alle Autoritäten stimmen darüber überein, was in den einzelnen Hüllen vor sich geht. Einige Schriften stellen zum Beispiel fest, daß sich die Ida und die Sushumna außerhalb jeglicher Hüllen befinden, während die meisten anderen ihnen einen Platz innerhalb dieser Hüllen zuordnen. Abbildung 15 beruht auf der Art der Beschreibung, die in der Literatur überwiegend zu finden ist. Die sechs unteren Chakren sind im Kanal innerhalb des Chitrini lokalisiert, des Kanals, durch den die Kundalini fließt. Der Mittelpunkt aller dieser Hüllen (den man manchmal den »Brahma-Nadi« nennt) ist ein geheiligter Raum, in dem fünf Gottheiten wohnen: Brahma, Vishnu, Rudra, Sadashiva und Ishvara.

Die Chakren stehen zueinander und zum physischen Körper durch eine Reihe von Energiebahnen abnehmender Größe in Verbindung, ähnlich wie die Blutgefäße des Kreislaufsystems. Es heißt, daß es zweiundsiebzigtausend dieser Bahnen gibt. Abgesehen davon, daß diese scheinbar genaue Anzahl eher irreführend ist, kann doch festgestellt werden, daß es offenbar eine sehr große Anzahl dieser Bahnen gibt.

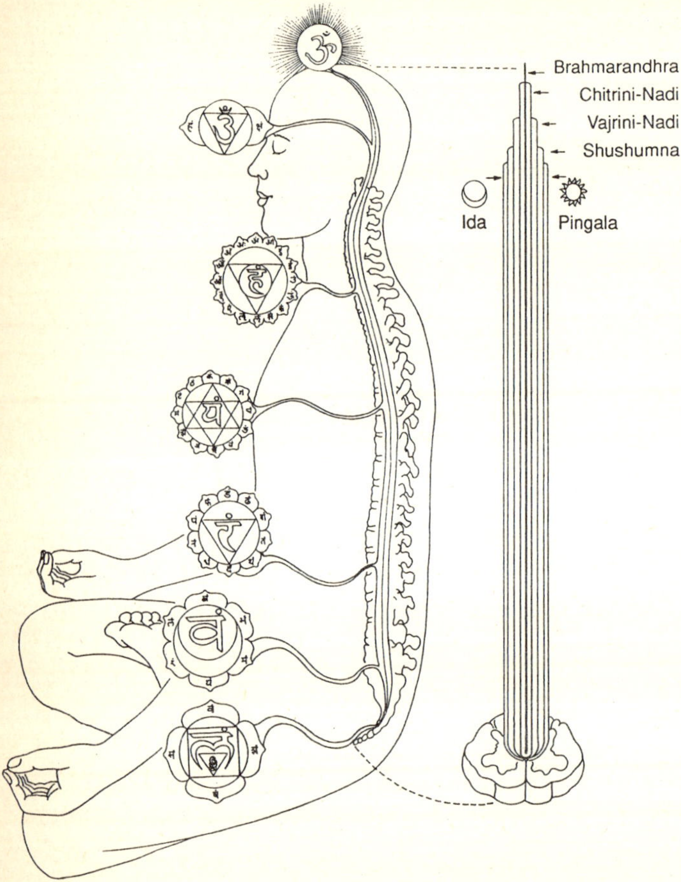

Abb. 15: Die Hüllen des Wirbelsäulenkanals im Querschnitt

Die Beschreibung der Chakren

Ein Studium der verschiedenen relevanten Schriften und Tantras, die in *Die Schlangenkraft* zusammengefaßt werden, zeigt, daß die Beschreibung der Chakren keineswegs einheitlich ist. Die verschiedenen Aspekte werden unterschiedlich beurteilt: Lokalisierung innerhalb des Körpers, Keim-Mantras, Yantras (heilige Diagramme und Formen), zugeordnete Gottheiten (männlich wie weiblich), Fahrzeuge, Eigenarten, Sphären, Lingams, Yoni, Elemente, Formen, zugeordnete Sinnesorgane und die Wirkungen auf den Übenden, der sich auf sie konzentriert.

Als ein Beispiel möge die Beschreibung des Wurzel-Chakras dienen:

> Es liegt über dem Anus und unter den Genitalien an der Basis der Wirbelsäule. Es hat vier karmesinrote Blütenblätter, auf denen die goldenen Buchstaben VA, ´SA, SA und SA eingeschrieben sind. Innerhalb der Blütenblätter befindet sich ein Quadrat, das das Element Erde symbolisiert, umrundet von acht leuchtenden Pfeilen. Das Keim-Mantra des Erd-Elementes, Lam, befindet sich innerhalb des Mantras. Brahma wohnt im Schoß des Keim-Mantras. Er hat vier Gesichter und vier Arme und sitzt auf einem Schwan. Indra, der König der Unsterblichen, ist ebenfalls in diesem Bereich. Er sitzt auf dem König der Elefanten, Airvata. Er ist gelb und hält Blitze in seinen Händen. Die herrschende weibliche Gottheit ist Dakini. Sie hat leuchtend rote Augen und vier leuchtende Arme. Ihre Hände halten einen Speer, einen Stab, auf den ein menschlicher Schädel aufgespießt ist, ein Schwert und eine mit Ambrosia gefüllte Schale. Sie hat Reißzähne, die ihr wildes Temperament zur Schau

stellen. Sie gibt den Yogis das Wissen von den Elementen, aber erschreckt Tiere und gewöhnliche Menschen. Im Zentrum des Quadrates ist ein Dreieck, genannt Tripura, in dem der Herr des Lebens residiert. Es gibt dort einen Lingam, um den sich dreieinhalb Mal die schlafende Kundalini gewickelt hat. Kundalini ist wie eine Million Monde. Sie hat vier Arme und drei Augen. Ihre Hände halten ein Buch, eine Laute, und machen eine Geste des Segnens und der Zerstreuung von Ängsten. Wenn sie erwacht, sitzt sie auf einem Löwen und scheint beständig ihre Form zu wandeln. Wenn ein Yogi über sie meditiert, kann er gesund, glücklich, gelehrt, ein machtvoller Redner und ein Herr unter den Menschen werden.

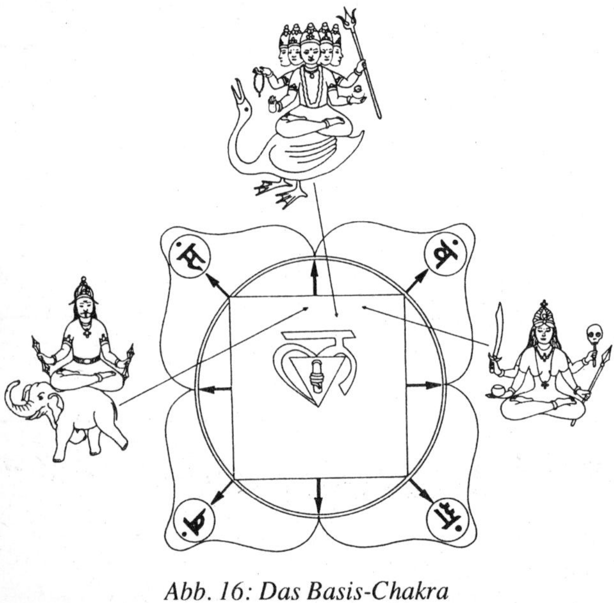

Abb. 16: Das Basis-Chakra

Jedes der anderen Chakren ist auf ebenso detaillierte Weise beschrieben. Jeder Versuch, diese Informationen in tabellarischer Form zusammenzufassen, ist dazu verurteilt, einen Großteil der symbolischen Details zu verlieren, die zur vollständigen Analyse der Chakren von großer Wichtigkeit sind.

Wenn wir zum Beispiel die Kategorie »herrschende Gottheit« beim Anahata-Chakra nachschlagen, finden wir diese Gottheit auf einem roten Lotos sitzend beschrieben. Sie hat drei Augen und vier Arme, die einen Schädel und eine Schlinge halten und Mudras (Gesten) ausdrücken, die Angst und Schrecken vertreiben sollen. Ihr Körper ist strahlend, und ihr Herz ist durch das Trinken von Nektar weich geworden. Sie ist in gelbe Kleider gehüllt und trägt Juwelen und Girlanden aus Knochen. In einer einfachen Tabelle würde sie lediglich als »Kakini« beschrieben, und der Rest der Information ginge verloren, es sei denn, man sieht in den Originalquellen nach. Um eine vergleichende Analyse anzustellen, ist jedoch eine Tabelle sehr gut geeignet. In Tabelle 1 sind viele wertvolle Informationen zusammengetragen, obwohl bei der Auswahl zwangsläufig sehr viel weggelassen werden mußte.

Tabelle 1

Hinduistische Beschreibungen

	Muladhara-Chakra	Svadhishthana-Chakra	Manipura-Chakra
Ort	Basis der Wirbelsäule	Wurzel der Genitalien	Wurzel des Nabels
Anzahl der Blütenblätter, Farben und Buchstaben	4 rote Blütenblätter mit den goldenen Buchstaben VA, 'SA, SA, SA	6 zinnoberrote Blütenblätter mit den blitzförmigen Buchstaben VA, BHA, MA, YA, RA, LA	10 regenwolkengraue Blütenblätter mit den blauen Buchstaben DAM, DHAM, NAM, TAM, THAM, DAM, DHAM, NAM, PAM, PHAM
Bija	LAM	VAM	RAM
Yantra (Form)	Gelbes Quadrat	Weiße Mondsichel	Agni-Mandala
Anzahl der Strahlen und Element	56, Erde	52, Wasser	62, Feuer
Sinneswahrnehmung, Art des Gewahrseins	Geschmack	Geruch	Augenlicht
Tier	König der Elefanten mit 7 Rüsseln und schwarzem Kragen	Makara, der sagenhafte Krokodilfisch, der alles verschlingt	Widder
Gottheit	(Kind) Brahma	Hari Vishnu	Rudra (Vishnus)
Shakti	Dakini	Rakini	Lakini (Lakshmi)
Wirkung	Freiheit v. Krankheit und Furcht. Meisterschaft des Lernens u. Macht der Sprache. Mit großer Fröhlichkeit erfüllter Geist	Freiheit von den »Feinden«: Lust, Zorn, Neid und Faulheit	Gesundheit und Schaffenskraft, Kreativität

der Chakren

Anahata-Chakra	Vishuddha-Chakra	Ajna-Chakra	Sahasrara-Chakra
Ebene des Herzens	Hals	Über der Mitte der Augenbrauen	Scheitel des Kopfes
12 karmesinrote Blütenblätter mit den zinnoberroten Buchstaben KAM, GAM, KHAM, NAM, CAM, CHAM, JAM, JHAM, NAM, TAM, THAM	16 rauchig-purpurne Blütenblätter mit den karmesinroten Buchstaben (Vokalen) A, A, I, I, U, U, R, R, L,L, E, AI, O, AU, AM, AH	2 weiße Blütenblätter mit den weißen Buchstaben KSAM, HAM	1000 Blütenblätter mit dem Licht von 1000 Sonnen
YAM	HAM	OM	Jenseits des Klanges; alle Klänge beinhaltend
Satknoa, verschränkte Dreiecke, sechszackiger Stern	Kreis	Kreis mit goldenem umgekehrten Dreieck, Mondsichel und Bindu	Jenseits aller Form, Mahabindu der Leere
54, Luft	72, Raum	64, Geist	Völlige Durchsichtigkeit, Nityananda
Tastsinn	Hören	Bewußtsein	Befreiung
Schwarze Antilope	Schneeweißer Elefant mit 7 Rüsseln	keine	keine
Isa	Sadhashiva	Paramashiva (Sambhu)	Brahman oder, je nach Glaubensrichtung, die Vereinigung Shiva/Shakti, Purisha/Prakriti, Hari-Hara
Kakini	Gauri	Hakini	Nirvana Shakti
Sinneskontrolle	Heiterkeit, Langlebigkeit, Gleichmut	Ununterbrochene Seligkeit, erlebt alles als eine einzige Gegenwart	Freiheit von Zeit und Raum

Schlußfolgerungen

Wenn man den hinduistischen Begriff des feinstofflichen Körpers untersucht, erhebt sich eine Reihe von Fragen. Warum gibt es bei der Beschreibung der Chakren eine solch komplizierte Fülle von Symbolen? Sind Chakren real im alltäglichen Sinne, oder muß man sie eher im Bereich von Traum und Mythos einordnen?

Weiterhin stellt sich die Frage, welcher Art die Verbindung des feinstofflichen Körpers mit den niederen und höheren Körpern des Menschen ist und auf welche Weise diese Körper nebeneinander existieren. Es ist klar, daß der Astral- oder Energie-Körper eine Vermittlerrolle spielt, unklar bleibt jedoch, wie es dazu gekommen ist oder wie wichtig er eigentlich ist. Kundalini-Yoga gilt als eine der höchsten oder sogar die höchste Form des Yoga. Aber warum? Besteht der Grund darin, daß die Ebenen der Erfahrung, die in den Chakren enthalten sind, den inneren Teil einer mystischen Reise ausmachen? Der komplizierte Symbolismus der Chakren trägt sicherlich dazu bei, diese verschiedenen Ebenen des feinstofflichen Körpers zu unterstreichen.

Warum ist es so wichtig, die Chakren zu öffnen und den feinstofflichen Körper zu aktivieren? Das wird in der hinduistischen Literatur eigentlich niemals richtig klar gemacht, außer im allgemeinen Zusammenhang von Wachstum und Entwicklung. Wenn der kosmische Körper bereits existiert und man nur mit ihm Kontakt aufnehmen muß, warum soll man sich dann überhaupt mit dem feinstofflichen Körper, der ja doch bestenfalls eine Zwischenstufe ist, beschäftigen? Dies ist der Standpunkt einiger Schulen in Hinduismus und Buddhismus, die sich die sofortige unmittelbare Erleuchtung zum Ziel gesetzt haben. Es ist jedoch naheliegend anzunehmen, daß die Entwicklung des kosmischen Körpers auf ähnliche Weise von der Gesundheit und Ausgeglichenheit des feinstofflichen Körpers abhängt, wie eine gesunde Entwicklung des feinstofflichen Körpers von Gesundheit und Ausgeglichenheit des phyischen Körpers.

Als drittes fragen wir uns: Inwieweit ist die tantrische Richtung verwandt mit dem Kundalini-Yoga? Bildet die Offenheit des Tantra eine angemessene Atmosphäre für die Ausübung des Kundalini-Yoga? Und wenn ja, was bedeutet das für die Menschen, die in eher traditionell ausgerichteten religiösen Systemen ihre Zuflucht suchen?

Der feinstoffliche Körper ist im wesentlichen ein Mittel, um Energie zu transformieren. In hinduistischer Sicht ist die Grundvoraussetzung für sein Funktionieren die Aktivierung des Basischakras, in dem die schöpferische Gottheit Kundalini in ihrem Schlaf liegt. Der überwiegende Teil des Kundalini-Yoga - seien es spezielle Atemübungen, Körperhaltungen oder Verschränkungen, Mantras, geistige Übungen oder direkte Energieübertragungen - legt sein Hauptaugenmerk auf die Aktivierung dieses Chakras. Wenn dies erreicht worden ist, geschehen eine Reihe von »Destillationen« alchimistischer Art. Die Energie steigt von der Basis der Wirbelsäule auf und erweckt nacheinander alle Chakren in einem aufsteigenden Prozeß, in dem jedes Chakra eine höhere Energie freisetzt als das vorhergehende. Diese Reihenfolge findet ihren Höhepunkt im höchsten Chakra, wenn der tausendblättrige Lotos sich öffnet und die weibliche Kraft der Kundalini in einem abgeschlossenen Raum innerhalb des Chakras in einer Art kosmischer Umarmung auf die männliche Kraft von Shiva trifft. Wenn der Zyklus sich auf diese Weise vollendet, verläßt alle Wärme den Körper, mit Ausnahme eines Punktes oben auf dem Kopf. Dem außenstehenden Beobachter erscheint es fast, als sei der Yogi gestorben.

Zusammenfassend kann man sagen, daß die hinduistische Tradition in gewisser Weise außerordentlich komplex ist. Die

Spitzfindigkeit der Interpretationen, die sich in den letzten dreitausendfünfhundert Jahren entwickelt haben, ist beachtlich. Das Investieren von Energie und Emotionen in außerweltliche Bestrebungen ist in Qualität und Charakter etwas typisch Hinduistisches.

Andererseits ist das hinduistische Modell des feinstofflichen Körpers in Form einer Serie von Chakren, die entlang der Wirbelsäule aufgereiht sind, bestechend klar und einfach. Die detaillierten Beschreibungen der Chakren in der hinduistischen Literatur in ihrem multidimensionalen Charakter und die Nennung von zweiundsiebzigtausend Energiebahnen ist wahrhaftig beeindruckend. Das gleichfalls vertretene Grundmodell eines Systems von sieben Chakren, auf denen man wie auf einer Tonleiter aufsteigen kann, ist dagegen von frappierender Einfachheit, besonders für eine alte Kultur, die so etwas wie die überwältigende Vielfalt der tantrischen Tradition hervorgebracht hat.

Kapitel Drei

Buddhistische Systeme

Der historische Buddha lebte vor über 2500 Jahren. Seine Lehre rief eine Reformbewegung im Hinduismus hervor. Die historischen Bedingungen jener Zeit waren in gewisser Weise ähnlich wie zu der Zeit, in der das Christentum entstand. Es herrschte eine große Unruhe. Die Menschen sehnten sich nach Führung, und viele neue Lehrer und neue Lehren erschienen. Wenn man heute zurückschaut, gibt es gar keinen Zweifel über die hervorragende Stellung von Buddhismus und Christentum, damals jedoch wäre es vielleicht nicht einfach gewesen, sie von den vielen Kulten zu unterscheiden, die zu jener Zeit ihre Blüte erlebten. Jeder dieser Kulte versprach auf seine Weise Erlösung und Erleuchtung.

Nach dem Tod des Buddha entwickelte sich der Hinayana-Buddhismus, der das Erbe, das er seinen Schülern überlassen hatte, pflegte und zum Ausdruck brachte. Während der nächsten fünfhundert Jahre ging es im Buddhismus im wesentlichen darum, wie der einzelne sich seine eigene Erleuchtung erarbeiten konnte - entweder als Einsiedler, der der Welt entsagt, oder als Mitglied einer strengen religiösen Gemeinschaft. Religiöse Laien hatten zwar auch ihren Platz, wer es ernst meinte, der folgte jedoch dem einsamen Pfad des Arhat, eines erleuchteten Wesens, dessen persönliche Vollendung anderen eine Inspiration sein konnte, und dessen Erfolg durch persönliches Engagement und innere Anstrengungen zustandekam.

Zur selben Zeit, als sich im Mittleren Osten das Christentum entwickelte, machte der Buddhismus in Indien eine parallele Veränderung durch, indem sich der Mahayana-Buddhismus entwickelte. Es ist schwierig, diese Entwicklung zeitlich festzulegen. Ein Datum, das oft genannt wird, ist das Konzil des Königs Kanishka im ersten Jahrhundert n. Chr. Der Mahayana-Buddhismus machte in gewisser Weise das meiste, was der historische Buddha erreicht hatte, wieder rückgängig. Buddha hatte besonders die Auslöschung des Leidens durch Entsagung weltlicher Bindungen betont. Er hatte alle theologischen Fragestellungen einfach ignoriert. Niemals hatte er über Gott, Reinkarnation und die anderen Lieblingsthemen der östlichen Religion und Philosophie gesprochen. Seine Auffassung war auf ihre besondere Art äußerst praktisch. Wenn eine philosophische Frage dem Menschen nicht half, seinem existenziellen Dilemma zu entkommen, war sie für ihn irrelevant, und Buddha ignorierte sie. Alles, was er für sich selbst beanspruchte, war, daß er aus dem Traum der Welt erwacht war. Der Buddhismus war eigentlich gar keine Religion im üblichen Sinne.

Mit der Entstehung des Mahayana-Buddhismus änderte sich das gründlich. Ein ganzes System von Gottheiten, Dämonen und Buddhas, das ein multidimensionales Universum bewohnte, wurde erschaffen. Buddha selbst wurde vergöttert. Er wurde sogar noch größer gemacht als die Götter. Eine schier unendliche Anzahl philosophischer und religiöser Elemente wurde eingeführt. Das Entscheidendste war vielleicht die Einführung des Boddhisattva als buddhistisches Ideal. Der Boddhisattva, eine christusähnliche Figur, gibt seine eigene Erleuchtung auf, damit alle anderen Wesen errettet werden können.

Die Erweiterung der Lehre des Buddhismus machte ihn als Religion ungleich viel populärer, denn die Hinayana-Form hatte den Geschmack von Einsamkeit und Entsagung. Der Buddhismus wurde jedoch dadurch zu etwas völlig anderem. Man kann sich fragen, was Buddha selbst dazu gesagt hätte, ebenso wie man sich fragen kann, was Christus über die Kirchen, die in seinem Namen entstanden sind, gedacht hätte. Solche Gedankenspiele mögen zwar ganz interessant sein, in unserem Zusammenhang ist jedenfalls wichtig, daß keine Form des Buddhismus viel über den feinstofflichen Körper zu sagen hatte. Im Hinayana wurden Verhaltensmaßregeln und Selbstbeobachtung betont, und der Mahayana fügte noch die Tugend des Mitgefühls und eine breite Palette überall anzutreffender Symbole hinzu. Erst mit dem Aufkommen des tantrischen Buddhismus wurde der feinstoffliche Körper zu einem deutlichen Element in der buddhistischen Erleuchtungslehre.

Es gibt jedoch einige Ausnahmen zu dieser allgemeinen Regel, wie z. B. die »Tonlin-Reinigung«, eine grundlegende Praxis der Mahayana-Tradition[1].

Der Vorgang, der der Tonlin-Reinigung zugrundeliegt, ist einfach. Als erstes wählst du eine bestimmte negative Emotion aus, die du entweder in dir selbst oder in deiner unmittelbaren Umgebung findest. Dann lenkst du deine Aufmerksamkeit auf alle anderen Menschen in der Welt, die dieselbe Emotion fühlen. Dann atmest du langsam ein, wobei du bewußt diese Negativität in das obere Brustzentrum absorbierst, wo sich eine Art schwarzes Loch befindet. Alle Emotion verschwindet in diesem Punkt. Halte deinen Atem an und laß zu, daß sich die Negativität transformiert. Wenn du dann ausatmest, wird die geläuterte Energie von einem sternähnlichen Lichtpunkt, der sich an derselben Stelle wie das schwarze Loch befindet, in alle Richtungen ausgestrahlt. Es ist zwar nicht klar, ob diese beiden Punkte sich im Herz-Zentrum befinden, deutlich ist jedoch, daß diese Praxis mit der Reinigung und Transformation von Energien zu tun hat, die aus der Umgebung und dem Inneren des Übenden kommen. Sie kann deshalb als ein feinstofflich-körperlicher Prozeß angesehen werden, selbst wenn sie in erster Linie zum Wohle anderer Menschen ausgeübt wird.

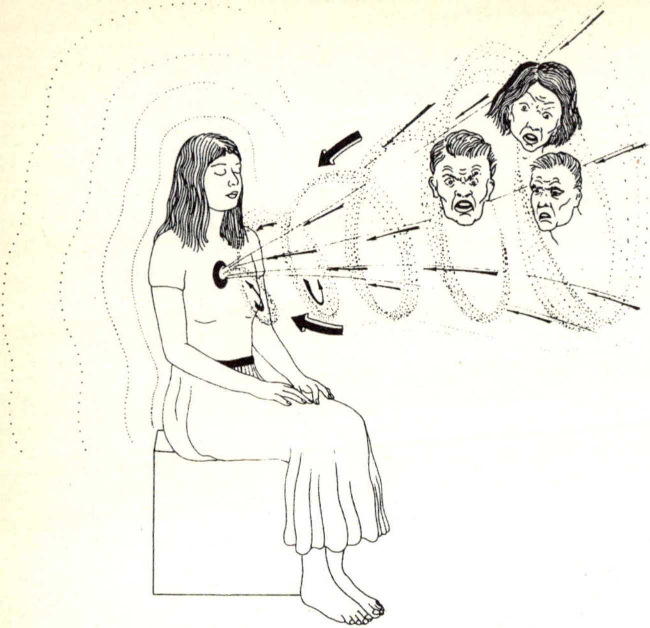

Abb. 17: Die Tonlin-Reinigungsübung

Tantrischer Buddhismus

Erst mit dem Aufkommen des tantrischen Buddhismus wurde die Arbeit am feinstofflichen Körper ein fester Bestandteil der buddhistischen Philosophie und Praxis. In Tibet war der tantrische Buddhismus als das »dritte Fahrzeug« oder Vajrayana-Buddhismus bekannt. Man hielt diese Richtung für den schnellsten und direktesten Pfad zur Erleuchtung, obgleich er als der komplizierteste galt.

Der Vajrayana-Buddhismus entstand in Indien etwa zur selben Zeit wie der tantrische Hinduismus, und beide erreichten ihre Blütezeit im siebten und achten Jahrhundert n. Chr. Hellseher prophezeiten der Tradition jedoch ein kurzes Leben, das schon bald durch fremdländische Eroberer eingeschränkt oder ganz zerstört werden sollte. Man unternahm daher bewußte Anstrengungen, um die Weisheit der Tantras in andere, besser gesicherte Umgebungen zu verpflanzen. Von diesen war Tibet wahrscheinlich der am wenigsten zugängliche und schließlich erfolgreichste Ort. Die gesamte Gebirgsregion des Himalaya - Nepal, Ladakh, Bhutan und Sikkim - nahm an dieser Entwicklung teil, aber in Tibet wurden die Tantras wahrscheinlich vollständiger als an irgendeinem anderen Ort gepflegt und kultiviert. Erst mit der Invasion des chinesischen Kommunismus 1949 wurden diese sorgsam gehüteten Traditionen praktisch in die »moderne« Welt hineingezwungen. Zum erstenmal wurden hohe Lamas, die man früher nur unter größten Schwierigkeiten hätte besuchen können, relativ zugänglich, als sie gezwungenermaßen ihre ersten Reisen in den Westen unternahmen.

Einer der Gründe für die außerordentliche Langlebigkeit einer Tradition innerhalb des Kontextes der tibetischen Gesellschaft, die im wesentlichen bereits aus dem mittelalterlichen

Indien stammt, war die sorgfältige und systematische Organisation, die das Schriftmaterial im Laufe der Zeit erfuhr. Bis vor kurzer Zeit waren ganze zwölf Jahre des Studiums und der Übung erforderlich, bevor ein Schüler sich auch nur annähernd an die feinstoffliche Körperarbeit wagen durfte. Ob eine solch lange Vorbereitungszeit wirklich nötig war, mag dahingestellt sein, aber jeder, der eine solche Zeit durchstand, wußte das, was er dadurch erworben hatte, sicherlich zu schätzen.

Es ist zwar zutreffend, daß der feinstoffliche Körper im Vajrayana-Buddhismus kultiviert wurde, aber es wäre irreführend zu sagen, daß eine solche Arbeit in dieser Tradition völlig offensichtlich wäre. In John Blofelds *The Tantric Mysticism of Tibet*[2] (Die tantrische Mystik Tibets) taucht dieses Thema überhaupt nicht auf, obwohl Themen wie »das Wesen der tantrischen Methode«, »geistige und materielle Symbole« und »allgemeine und fortgeschrittene Übungen« darin abgedeckt sind.

Wie im hinduistischen Tantra wird auch im Vajrayana eine enorme Vielzahl verschiedener Themen behandelt. Sogar im engeren Sinn mystische Themen sind zahlreich vertreten, einschließlich der Praktiken des Niederwerfens, Guru-Yoga, Erzeugung von Bodhicitta, allgemeine und spezielle Rituale, Vorbereitung zum Sterben und die höheren Tantras des Pfades der Formlosigkeit, wie Mahayoga, Anuyoga und Atiyoga. Der feinstoffliche Körper taucht jedoch nur unter der allgemeinen Bezeichnung »Pfade der Form« auf, einschließlich der sechs Lehren Naropas und einiger weniger bekannter Richtungen.

Der feinstoffliche Körper im tantrischen Buddhismus

Bei oberflächlicher Betrachtung erschien es bis noch vor kurzer Zeit, als spielte der feinstoffliche Körper ebenso wie die Chakren und Energiekanäle im tantrischen Buddhismus nur eine untergeordnete Rolle. Erst in jüngeren Publikationen wie *Clear Light Of Bliss*[3] (Das klare Licht der Seligkeit) wurde die Bedeutung des feinstofflichen Körpers in fortgeschrittener tantrischer Arbeit hervorgehoben. Tibeter haben verschiedentlich beklagt, daß in diesem Buch »das Kind mit dem Bade ausgeschüttet« worden sei, indem das Herzstück fortgeschrittener Yogapraxis enthüllt wurde. Die Eigenart des Buches wird schon in den Kapitelüberschriften deutlich: »Kanäle, Winde und Tropfen; Yoga des inneren Feuers, Das Klare Licht und die Vier Freuden; Die Neun Verschmelzungen und die Zwei Siegel; Ruhiges Verweilen; Meditation über die Leere; Der Illusorische Körper; Klares Licht und Einigung«. Der erste Teil des Buches konzentriert sich auf den feinstofflichen Körper unter der Überschrift: »Pfade der Form«. Im zweiten Teil wird der Schwerpunkt auf den »Pfad der Formlosigkeit« oder das, was mit dem »klaren Licht der Seligkeit« gemeint ist, gelegt. Die Pfade der Form bilden die Vorbereitung auf den formlosen Pfad. Damit es auch keinen Zweifel gibt, stellt der Autor, Geshe Kelsang Gyatso fest:

> Nur durch die Erlangung der Herrschaft über die Winde und die Tropfen, die durch diese Kanäle fließen, kann die simultane Vereinigung von großer Seligkeit und Leerheit erreicht werden.[4]

Die genannten Kanäle sind die Nadis. Die Winde sind der Energiefluß. Die Tropfen sind die durch alchimistische innere

Arbeit verfeinerte Energie. Weiße Tropfen kommen vom Scheitelpunkt des Kopfes, rote vom Nabel, wo sich die Retorte der Transformation befindet.

Es ist sicher nicht falsch, wenn man feststellt, daß der feinstoffliche Körper ein zentrales Anliegen des Buddhismus ist, obwohl er durch die Vielzahl der anderen behandelten Themen etwas verdeckt worden ist. Diese Verschleierung ist jedoch vielleicht in voller Absicht geschehen, um dem Guru einen wesentlichen Schlüssel in die Hand zu geben. Das steht durchaus im Einklang mit der tibetischen Tradition, in der zentrale Elemente einer Schrift ausgelassen werden und mündlich vom Lehrer übermittelt werden müssen. Auf diese Weise kann die Reinheit der mündlichen Tradition bewahrt bleiben.

Über die Lehre vom feinstofflichen Körper hinaus findet man im tantrischen Buddhismus ein etwas verwirrendes System höherer Körper. Für diese Verwirrung gibt es verschiedene Gründe. Zum einen wird eine Vielzahl verschiedener Körper beschrieben, mit denen jedoch eher verschiedene Bewußtseinszustände als Stufen der Materialität gemeint zu sein scheinen. Außerdem sind die beschriebenen Körper oft als Buddha-Körper und nicht als menschliche Körper aufzufassen. Buddha-Körper sind weiterentwickelte menschliche Körper. Die wichtigsten sind der »Körper der Wahrheit«, der »Körper der Vollkommenen Glückseligkeit« und der »Körper der Ausstrahlungen«. Der Körper der Wahrheit ist die Verkörperung der allmächtigen Weisheit in der Leere und kann mit dem kosmischen Körper gleichgesetzt werden. Der Körper der Vollkommenen Glückseligkeit verweilt auf einer höheren Erfahrungsebene. Er kann mit dem verfeinerten feinstofflichen Körper gleichgesetzt werden. Der Körper der Ausstrahlungen ist schließlich der eigentliche physische Körper Buddhas, der in diesem Fall jedoch viele Körper gleichzeitig überall in den verschiedenen Universen haben kann.

Abb. 18: Die drei Körper im Buddhismus

Es gibt eine direkte Parallele zwischen den Begriffen des höheren Körpers in Buddhismus und Hinduismus, obwohl der Buddhist die Vorstellung höherer Körper benutzt, um ein weiteres Feld der menschlichen Erfahrung abzudecken. Die Differenz zwischen den beiden Traditionen liegt teilweise in der Betonung: ob die Körper bereits existieren und nur erkannt werden müssen, oder ob, wie im buddhistischen System, nur der Keim existiert, aus dem sich langsam die höheren Körper entwickeln können[5]. Es ist möglich, daß beides richtig ist, nur die Betonung ist eindeutig unterschiedlich. In beiden Fällen besteht die Aufgabe des Yoga darin, diese höheren Körper auf die Weise zu aktivieren, die gemäß den Traditionen, aus denen der Praktizierende kommt, sich als die beste erweist.

In den höchsten buddhistischen Tantras wird großer Wert darauf gelegt, das zu erlangen, was man den »illusorischen Körper« nennt. Der große buddhistische Yogi Nagarjuna erklärte, daß man »um ein Buddha zu werden, den Form-Körper eines Buddhas und den illusorischen Körper in seinem primären oder substantiellen Grund erwerben«[6] müsse. Einige Gelehrte sagen, daß der feinstoffliche und der illusorische Körper ein und dasselbe sind. Andere sind der Meinung, daß der illusorische Körper aus den Erfahrungen des feinstofflichen Körpers entsteht. In beiden Fällen gibt es keinen Zweifel über die grundlegende Bedeutung dieses Zusammenhanges.

Besonderheiten des tantrischen Buddhismus

Außer den beschriebenen Vorstellungen von höheren Körpern gab es einige Aspekte des tantrischen Buddhismus, die ausschließlich in den Königreichen im Himalaya zu finden waren, insbesondere in Tibet. Der erste ist das »Chöd«, ein höchst lebhaftes und etwas barbarisches Ritual, in dem der Praktizierende Gottheiten und Dämonen anruft, damit sie ihn als Mittel zu vollkommener Reinigung lebendig verspeisen[7]. Es gibt verschiedene Formen dieser Praxis, keine davon ist besonders appetitlich. Einige meinen, daß das Chöd eine Integration früher Bön-Praktiken im tantrischen Buddhismus darstellt, was seinen einzigartigen Charakter erklären könnte. Bön ist die alte schamanistische Religion, die dem Buddhismus in Tibet voranging.

Ein zweiter Aspekt ist der »Tulku«, eine Art unsterbliches religiöses Oberhaupt. Der Glaube an die Reinkarnation ist zwar im gesamten Orient weit verbreitet, in Tibet wurde der Begriff der Reinkarnation jedoch auf bemerkenswerte Weise erweitert, was sich besonders auf die Stabilität des religiösen Lebens in diesem Land auswirkte. Traditionell glaubten die Tibeter nämlich, daß eine willentliche Wiedergeburt Bestandteil des Boddhisattva-Gelübdes hoher Lamas sei und daß mit Hilfe entsprechender Prüfungen ihre Wiederkunft erkannt werden konnte, während sie noch kleine Kinder waren. Folglich hätten wir es im wesentlichen immer wieder mit demselben Dalai Lama oder Karmapa zu tun, der in der Zeit unendlich oft durch ein bewußtes Opfer wiederkehrt. Es liegt auf der Hand, daß die Annahme dieses Glaubens einem religiösen Erbe eine enorme Stabilität verleihen kann. Das ist eine mögliche Erklärung für die Fähigkeit der Tibeter, die buddhistischen Tantras vom achten Jahrhundert n. Chr. bis in die

Abb. 19: Stupa

heutige Zeit unverfälscht bewahrt zu haben.

Eine dritte einzigartige Ausdrucksform buddhistischer Traditionen ist die Stupa. In architektonischer Form gibt es die Stupa in vielen Kulturen als primitive Grabstelle. Diese Monumente waren oft mächtigen Stammeshäuptlingen oder anderen wichtigen weltlichen Gestalten gewidmet.

Mit dem Einzug des Buddhismus wurde die Form als Denkmal beibehalten, zuerst für Buddha selbst und dann für verschiedene andere religiöse und heilige Gestalten. Die Form der Stupa ist in verschiedenen Kulturen auf vielfältige Weise variiert worden, aber gewisse grundlegende Elemente tauchen in allen Erscheinungsformen immer wieder auf. Abbildung 19 zeigt diese Elemente anhand einer typischen tibetischen Stupa auf.

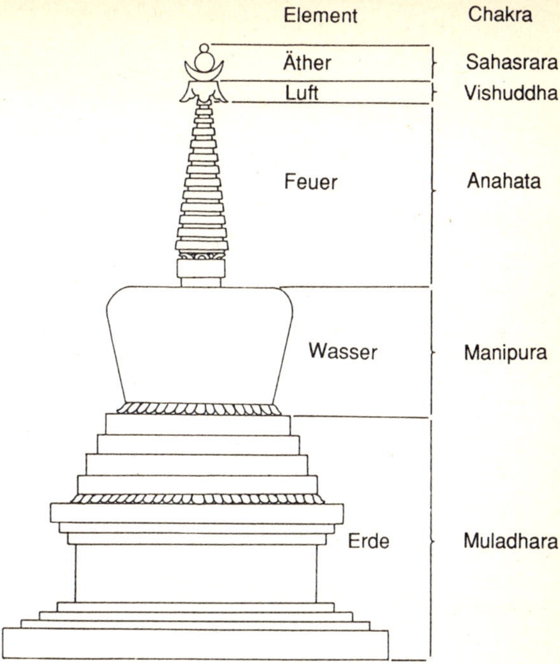

Abb. 20: Die fünf Elemente und die Chakra-Zentren im Verhältnis zur Struktur der Stupa

Die Stupa ist ähnlich einem Hindutempel um eine Weltachse herum gebaut. In dem dargestellten Beispiel gibt es einen spitz zulaufenden turmartigen Abschluß, der auf der vertikalen Achse steht, die sozusagen das Rückgrat des Baues darstellt. Die Form des Entwurfes entspricht den Elementarbestandteilen der materiellen Welt, so wie sie im Mittelalter im Orient wie im Okzident aufgefaßt wurden: Erde, Wasser, Feuer, Luft und Raum (Äther). Der Kubus repräsentiert die Erde, die Kugel das Wasser, der Kegel das Feuer, die Kappe die Luft und der flammende Tropfen den

Äther. Die fünf Teile der Stupa repräsentieren gleichzeitig die Chakren der Basis, des Nabels, des Herzens, des Halses und des Kopfes (Kronen-Chakra)[8]. Im wesentlichen ist die Stupa eine dreidimensionale Darstellung des feinstofflichen Körpers. Die Stupa enthält traditionell die Asche der Person, der sie gewidmet ist, und wird in komplizierten Ritualen erbaut, die darauf ausgerichtet sind, die Energien der buddhistischen Tradition auszugleichen und fortzuführen. Es erweckt den Eindruck, als solle die Stupa der Energiekörper der heiligen Person werden, deren sterbliche Überreste sie enthält. Das würde bewirken, daß die Energie der Person fortfährt, Einflüsse auf die Atmosphäre auszustrahlen, nachdem ihr Körper verstorben ist. Ein weiterer Hinweis darauf sind die menschlichen Augen, die nahe der Spitze einiger Stupas aufgemalt sind. Wie auch immer die Geschichte der Stupas und ihrer formalen Variationen in den verschiedenen Ländern des Ostens verlaufen sein mag, und trotz der wenigen Hinweise, die sich in der umfangreichen Literatur darüber finden, ist doch die Symbolik, die der Struktur der Stupa zugrundeliegt, ein deutlicher Hinweis darauf, welch wichtige Rolle der feinstoffliche Körper im buddhistischen System spielt.

Ein vierter ungewöhnlicher Aspekt des tibetischen Buddhismus ist der verbreitete Gebrauch tantrischer Instrumente in verschiedenen Ritualen und Praktiken. Diese Instrumente sind ein Thema für sich. Die verschiedensten Objekte gehören dazu: Szepter, Ritualdolche, Glocken, Klangschalen, Schlingen und Haken, Hackmesser, Peitschen, Ketten und Schwerter. Alle haben eines gemeinsam: Sie können am ehesten als physische Repräsentation von Energieformen gesehen werden, die normalerweise auf einer höheren Ebene existieren. Indem sie aus irdischen Materialien (und manchmal auch aus »außerirdischen« Meteoriten) nachgebildet werden, wird ein Kontakt zwischen der höheren und der niederen Ebene hergestellt. Die Instrumente können dann in

Abb. 21: Der »Stupamensch«

verschiedenen Ritualen eingesetzt werden, bei denen ihre jeweiligen Eigenarten dazu dienen, das Ritual zu bekräftigen. Ein tantrisches Schwert zum Beispiel kann dazu verwendet werden, mit einem Hieb die Ignoranz zu beseitigen. Obwohl derartige Instrumente auf den feinstofflichen Körper angewendet werden können - das Szepter beispielsweise kann dazu dienen, einem Chakra Energie zuzuführen - können sie für eine Vielzahl von Funktionen eingesetzt werden, die wenig oder gar nichts damit zu tun haben.

Ein weiterer, abschließender Aspekt, der dem tantrischen Buddhismus zu eigen ist, ist das »Yidam«, eine maskuline oder feminine Gottheit, die einen zentralen Platz in der täglichen

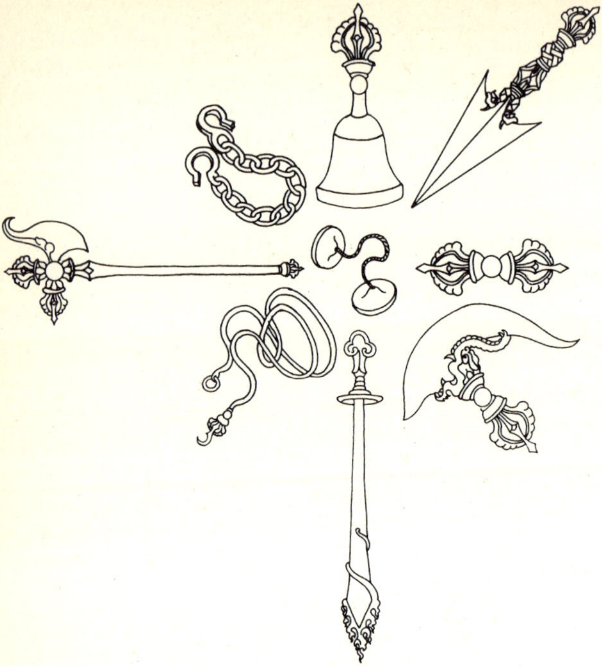

Abb. 22: Attribute tantrischer Praxis

Erfahrungswelt des Adepten einnimmt. Der Aspekt der Verehrung ist etwas, das alle Religionen gemeinsam haben. Besonders beim Yidam ist jedoch die ungewöhnliche Kombination von Liebe und Respekt, mit der der Gottheit begegnet wird, sowie das Gefühl dafür, daß sie eine Emanation des eigenen Wesens ist. Im Christentum zum Beispiel würde kein Marienverehrer und keine Marienverehrerin davon ausgehen, daß die Jungfrau Maria Bestandteil seines oder ihres eigenen inneren Wesens ist. In der

Abb. 23: Yidam

buddhistischen Begrifflichkeit jedoch kehrt alles letztendlich in die schöpferische Leere zurück, in der Gottheit und Menschheit in denselben Zustand eingehen. Aber selbst in diesem Wissen kann es - zumindest in den früheren Stadien der spirituellen Entwicklung - das Bedürfnis nach einem Führer und höherem kosmischen Begleiter geben. In diesem Sinn wird der Yidam zum Brennpunkt der eigenen inneren Erfahrung, zu der Instanz, auf die alle spirituellen Anstrengungen gerichtet sind. Die Gottheit lebt im

Herzen des Adepten, obwohl sie scheinbar außerhalb ist. Der Yidam gehört auf die Ebene der Archetypen, nicht in die gewöhnliche Welt. In gewissem Sinn bildet er einen Körper auf einer höheren Ebene, mit dem der Adept Kontakt aufnehmen und sich allmählich durch Ritual und Gebet identifizieren kann. Es ist immens beruhigend, die Präsenz eines solchen Wesens zu fühlen, wenn sie einmal gebraucht wird, eine Art kosmischer Lehrer, der sowohl wohlwollend wie zornig sein kann, ein Begleiter, der da einsetzt, wo der menschliche Guru aufhört.

Vajrayana-Aspekte der Praxis des feinstofflichen Körpers

In der Tradition des Vajrayana gibt es drei verschiedene Praktiken, die in Hinsicht auf die Arbeit am feinstofflichen Körper als relevant eingestuft werden können: Reinigung, Aktivierung der Chakren und Alchimie. Vielleicht werden diese Begriffe in den buddhistischen Schriften nicht verwendet, aber sie sind im Zusammenhang mit der Arbeit am feinstofflichen Körper durchaus angebracht, denn Parallelen zu diesen Kategorien finden sich in vielen anderen Traditionen.

Ein vielsagendes Beispiel für eine tantrische Reinigungsübung ist das Vajrasattva-Ritual. Es gibt von dieser Reinigung eine größere Anzahl von Versionen verschiedener Komplexität, aber selbst die einfachsten machen von vielen typischen Merkmalen tantrischer Methoden Gebrauch, zu denen die unterschiedlichsten Bereiche zählen: Visualisieren, heilige Klänge, geleitete Phantasiereisen, Numerologie, das Gespräch mit der Gottheit, Auflösung in der Leere und ein multidimensionales Weltbild. Die Beschreibung des Rituals mag anfänglich etwas kompliziert klin-

Abb. 24: Vajrasattva

gen, die lebendige Erfahrung seiner Durchführung jedoch fließt ganz natürlich von einer Stufe zur nächsten.

Um die Reinigung zu beginnen, visualisiert man die tantrische Gottheit Vajrasattva irgendwo in der Nähe des Kopfes. Da sie im buddhistischen Pantheon der Gott der Reinigung ist, sind damit die Voraussetzungen für das folgende unmittelbar gegeben. Als nächstes wiederholt man das heilige Mantra, das mit Vajrasattva in Verbindung steht, einhundertacht Mal, was sein Herz mit Ambrosia überströmen läßt, das dann auf unseren Kopf fällt und beginnt, ins Gehirn einzudringen. Darauf visualisiert man, daß sich unter der Erdoberfläche alle möglichen Arten von wilden Tieren und Dämonen befinden. Man läßt bewußt alle im Körper gespeicherte Negativität gehen und all jene Kreaturen frei, damit sie sich erheben können, um den ganzen Schmutz zu verzehren, der für sie wie Parfüm ist. Wenn sie damit fertig sind, füllt Vajrasattvas Ambrosia nach und nach alle Chakren mit der strahlenden Energie, die aus seinem Herzen strömt. Wenn das vollendet ist, spricht man zu Vajrasattva und bittet ihn um Vergebung für alle schlechten Taten, die man begangen hat. Er erwidert - hoffentlich - in freundlichem Ton. Dann wird man mit der Gottheit vereint, indem man sich ihr öffnet. Anschließend schrumpft alles bis zu einem Punkt zusammen, an dem es in der Leere verschwindet. So vollzieht sich in vereinfachter Form eine grundlegende Vajrasattva-Reinigung.

Es gibt in diesem Ritual verschiedene Elemente, die nichts mit der Praxis des feinstofflichen Körpers zu tun haben, wie das Mantra und das Gespräch mit der Gottheit. Aber das Einfüllen von Ambrosia in alle Chakren ist mit Sicherheit von Bedeutung. Im weiteren Sinn ist der gesamte Prozeß der Reinigung die Voraussetzung für die Arbeit mit dem feinstofflichen Körper, indem unnötige Hindernisse gegen den Energiefluß, der in Gang kommen soll, beseitigt werden.

Ein Beispiel für die Aktivierung eines Chakras im tantrischen Buddhismus wird im Prozeß der Erforschung des Innenlebens gegeben. Man beginnt diesen, indem man sich vorstellt, man schrumpft bis zu einer Größe, in der es möglich ist, in den Körper

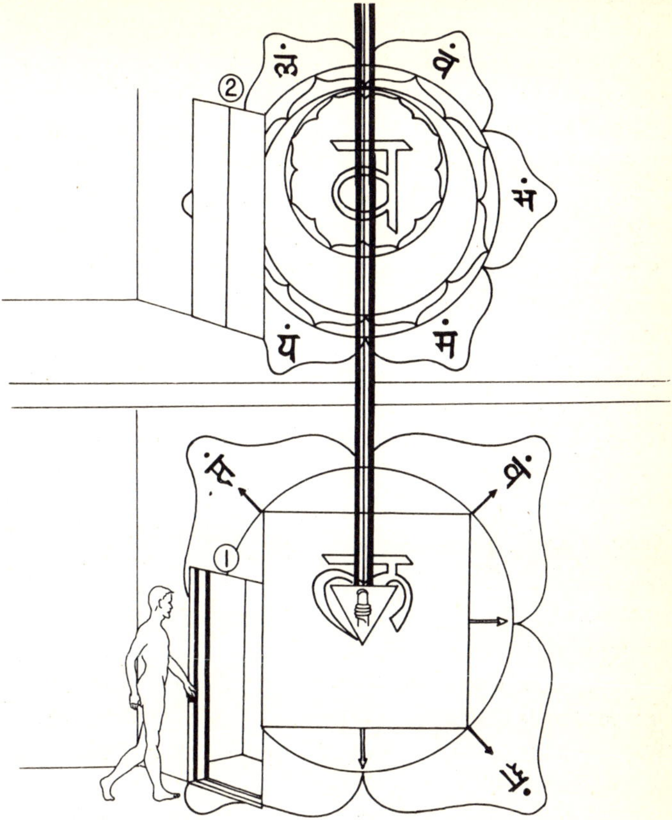

Abb. 25: Der »Chakra-Fahrstuhl«

einzutreten und sich frei umherzubewegen. Der Zweck besteht nicht darin, den physischen Körper zu besichtigen, sondern den feinstofflichen Körper zu erforschen.

Eine Art anzufangen ist, dir vorzustellen, daß du im zentralen

Kanal des Körpers im untersten Stockwerk in einen Fahrstuhl eintrittst. Du steigst auf, bis du die Ebene des nächsten Chakras erreicht hast. An diesem Punkt steigst du aus und schaust dich um. Wenn du dich orientiert hast, kannst du anfangen, die Umgebung zu erkunden. Du kannst nacheinander jedes Blütenblatt begehen, seine Farbe, Beschaffenheit und Perspektive feststellen. Wenn du mit der Besichtigung fertig bist, trittst du wieder in den Fahrstuhl ein, fährst nach oben ins nächste Chakra und wiederholst den Vorgang, bis du das gesamte System erkundet hast. Der Effekt dieser Erfahrung ist, das Gefühl für die Realität des feinstofflichen Körpers zu erhöhen. Das kann die Motivation stärken, einen Schritt weiterzugehen und seine Funktionen zu aktivieren.

Die dritte Art der Praxis ist alchimistischer Natur. Sie ist verbunden mit einer grundlegenden Transformation von Energie als Teil eines inneren Entwicklungsprozesses. Eine Veranschaulichung dieser Art Praxis sind die »Vier Freuden«. Diese Methode macht Gebrauch von der Tummo-Atmung, d. h. einer Atmung, die ein inneres Feuer im Bauch entfacht. Es gibt viele Arten der Tummo-Praxis, im allgemeinen konzentriert man dabei Luft und Energie im Nabel-Chakra, um eine kleine helle Flamme in diesem Bereich zu entzünden. Das »Entfachen des Feuers« ist ein erster, aber wesentlicher Schritt. Nachdem es entfacht wurde, steigt Hitze durch den mittleren Kanal des Körpers auf. Schließlich bewirkt diese Hitze das Schmelzen eines weißen Tropfens im Kronen-Chakra, der dann ins Hals-Chakra hinabtropft. Der weiße Tropfen kann als eine Art höhere energetische Essenz gesehen werden, die sich auf Grund vorangegangener innerer Arbeit im Gehirn abgelagert hat. Langsam und mit einem zunehmenden Gefühl der Freude geht diese Essenz stufenweise durch alle Chakren. Wenn sie das Geschlechtszentrum erreicht hat, kann sie nicht mehr weiter. Sie kehrt also ihre Richtung um und steigt wieder zu ihrem Ausgangspunkt auf. Das Wesentliche an diesem

Abb. 26: Tummo

Prozeß ist die Wirkung, die von dem weißen Tropfen auf die Chakren ausgeht. Diese Wirkung unterscheidet sich radikal von der gewöhnlichen auf die Chakren gerichteten Aufmerksamkeit. Der Unterschied ist alchimistischer Natur, das heißt, der essentielle Tropfen wird auf Grund der höheren Qualität der Energie erzeugt, die sich im Tummo-Feuer entwickelt, sobald es beginnt, das kristallisierte Ambrosia im Kronen-Chakra zu schmelzen. Beim Durchgang durch sämtliche Chakren versorgt die Essenz diese auf eine neuartige Weise mit Energie. Es ist wie ein Motor, der sein ganzes Leben mit Rohöl gelaufen ist und plötzlich Superbenzin bekommt. Die subjektive Erfahrung ist voller Seligkeit.

Die Unterschiede zwischen den Modellen des feinstofflichen Körpers in Hinduismus und Buddhismus

In den vorangegangenen Beispielen wurden Begriffe wie »Kernkanal« oder »mittlerer Kanal« verwendet. Der Leser ist vielleicht der Annahme, daß damit der Kern des Rückgrates gemeint ist, so wie es im hinduistischen Modell der Fall gewesen wäre. Das trifft jedoch nicht zu. In *Clear Light of Bliss*[9] (Das klare Licht der Seligkeit) wird ein genaues Modell des feinstofflichen Körpers aus der Sicht des tantrischen Buddhismus gegeben. Wie im hinduistischen Modell gibt es drei Hauptkanäle, aber da enden schon die Übereinstimmungen. Der größere Kanal führt die Zentralachse des Körpers hinauf, ein wenig näher am Rücken als

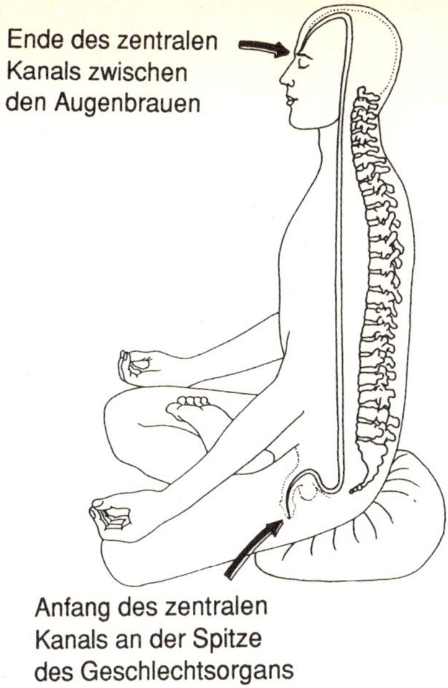

Abb. 27: Der zentrale Energie-Kanal

an der Vorderseite, aber deutlich außerhalb der Wirbelsäule. Dieser zentrale Kanal folgt einer geraden Linie, außer auf der Oberseite des Kopfes, wo er, nachdem er den Scheitel erreicht hat, einen Bogen macht und zwischen den Augenbrauen endet. Am unteren Ende befindet sich die Spitze des Geschlechtsorgans. Auf beiden Seiten gibt es zwei weitere Kanäle, die ebenfalls in gerader Linie verlaufen, außer auf der Höhe des Nabels, des Herzens, des Halses und des Kopfes, wo sie sich überkreuzen und eine Art Knoten bilden.

Abb. 28: Die seitlichen Kanäle

Der Unterschied in der Lokalisierung des großen Kanals im hinduistischen und im buddhistischen System ist unübersehbar. Trotzdem haben beide Traditionen bisher erfolgreich die auf der Hand liegende Frage vermieden: Wie ist es möglich, daß beide recht haben? Die Autoren aus dem hinduistischen Bereich, die der älteren Tradition angehören, neigen dazu, diesen Widerspruch zu ignorieren, anstatt zu versuchen, ihn zu lösen. Die Buddhisten haben einen anderen Ansatz. Sie sind, wie in *Clear Light of Bliss*, einfach davon ausgegangen, daß ihr Weg der richtige ist, und haben Alternativen erst gar nicht in Betracht gezogen. Oder sie haben, wie in den Schriften von Yogi Chen[10], ausdrücklich festgestellt, daß sie Recht und die hinduistischen Autoren Unrecht haben. Oder sie haben versucht, frühere Schriften zu finden, in denen Übereinstimmungen vorkommen. Lama Govinda[11] zum Beispiel vertritt die Ansicht, daß die Buddhisten die Tradition des Patanjali, eines bedeutenden Systematikers des modernen Yoga, genauer befolgen als die Hinduisten. Im einzelnen weist Govinda darauf hin, daß Patanjali festgestellt hat, daß die Kanäle Ida und Pingala in einer geraden Linie verlaufen und nicht, wie die Hindus meinen, in einer Spirale. Ein moderner kanadischer Lama, Namgyal Rinpoche, vertritt die interessante Ansicht, daß es im wesentlichen auf die eigene innere Erfahrung ankommt[12]. Traditionelle Beschreibungen der Lokalisierung der Kanäle oder der Natur der Chakras können die eigene Vorstellungswelt blockieren, besonders wenn man künstlich das eigene Erleben in die vorgeschriebene Form preßt. Die Widersprüche zwischen der buddhistischen und der hinduistischen Sicht der Lokalisierung der Kanäle bleibt jedoch verwirrend. Es hat fast den Anschein, als gäbe es zwei verschiedene Anatomien.

Unglücklicherweise ist das erst der Anfang. Die buddhistische Beschreibung der Chakren ist nicht weniger komplex als die hinduistische. In *Clear Light of Bliss*[13] zum Beispiel wird das Herz-Chakra mit acht Speichen beschrieben, die in die acht Himmelsrichtungen weisen, die man auch im Mandala sieht. Jede der Speichen trägt eine andere Energie, die die vier Grundelemente (Erde, Wasser, Feuer und Luft) und die Grund-Sinneserfahrungen (Gestalt, Geruch, Geschmack und Tastsinn) beinhaltet. Jeder dieser Kanäle teilt sich in drei weitere auf, so daß wir insgesamt vierundzwanzig Kanäle haben, die in drei Achtergruppen zusammengefaßt werden, von denen jede ihre eigene Farbe, ihren Energietyp und ihren eigenen Bestimmungsort hat. Die Aufteilung geht immer weiter, bis schließlich zweiundsiebzigtausend Kanäle erreicht werden, die alle ihren Ursprungsort im Herzen haben.

Eine ziemlich vollständige Beschreibung der Chakren gemäß der buddhistischen tantrischen Tradition findet sich in dem kürzlich erschienenen Buch *Tibetan Buddhist Medicine and Psychiatry* (Tibetische Heilkunst) von Terry Clifford[14]. Ein Großteil dieser Informationen ist in Tabelle 2 zusammengefaßt.

Einige der Kategorien, die in dieser Tabelle aufgeführt werden, sind denen der hinduistischen Tradition ähnlich, andere, wie »Buddhafamilie« und »Dhyani-Buddha« selbstverständlich nicht. Tabelle 3 vergleicht die buddhistischen und hinduistischen Chakrabeschreibungen, indem sie Kategorien und Chakren verwendet, die in beiden Systemen vorkommen. Die Chakren des Kopfes sind nicht eingeschlossen, denn die Buddhisten fassen sie zusammen und die Hinduisten nicht.

Die wesentliche Schlußfolgerung aus der Betrachtung von Tabelle 3 besteht darin, daß es praktisch keine Ähnlichkeiten in der Beschreibung der Chakren zwischen den beiden Traditionen gibt. Die einzige Ausnahme ist, daß in beiden Systemen das Hals-Chakra sechzehn Blütenblätter hat, obwohl die Farben verschieden sind. Ebenso ist das Fahrzeug des Geschlechtszentrums in beiden Fällen ein Vogel, wenngleich von einer anderen Art.

Man fragt sich, ob es sich überhaupt um dieselben Chakren handelt, die in beiden Systemen beschrieben werden. Es ist möglich, daß dies nicht der Fall ist. Das würde bedeuten, daß es verschiedene Chakren in der Wirbelsäule und im Kernkanal gäbe. Es gibt bisher jedoch niemanden, der diese These vertreten hätte. Vielleicht ist die Diskrepanz der beiden Systeme im wesentlichen eine Frage »spiritueller Politik«. Jede Tradition ist darauf bedacht, auf einer Ebene, die im Grunde visionärer Natur ist, ihre eigene Version einer Realität zu entwickeln. Vielleicht haben die Buddhisten es auf die Spitze getrieben, indem sie möglichst viele Unterschiede zur hinduistischen Tradition konstruiert haben, um sich von deren Kontext zu unterscheiden. Natürlich ist es höchst

Tabelle 2

Die buddhistische Beschreibung der Chakras

	Kopf	Hals	Herz	Nabel	Genitalien
Name	Seligkeit	Vergnügen	Phänomene	Umwandlung	Glück
Anzahl der Speichen	32	16	8	64	32
Bija	OM	AH	HUM	SWA	HA
Farbe	Weiß	Rot	Blau	Gelb	Grün
Element	Raum	Feuer	Wasser	Erde	Luft
Himmels-richtung	Mitte	Westen	Osten	Süden	Norden
Buddha-Familie	Buddha	Padma	Vajra	Ratna	Karma
Dhyani-Buddha	Vairocana	Amithaba	Akshobya	Ratnasamb-hava	Amogha-siddhi
Buddha-Aspekt	Körper	Sprache	Geist	Qualität	Aktivität
Fahrzeug	Löwe	Pfau	Elefant	Pferd	Shang-Vogel
Skandha	Formen	Wahrneh-mungen	Bewußtsein	Gefühle	Begriffe
Gift	Ignoranz	Ignoranz	Zorn	Stolz	Eifersucht
Weisheit	Absolute Weisheit	Urteilsver-mögen	Spiegelartig	ausgleichend	Alles errei-chend
Drüse	Schleim- und Zirbeldrüse	Schilddrüse	Nebennieren-drüse	Bauchspei-cheldrüse	Keimdrüse

Tabelle 3

Vergleich der hinduistischen und buddhistischen Chakra-Beschreibungen

		Hals	Herz	Nabel	Genitalien
Zahl der Blütenblätter	hinduistisch	16, Purpur	12, Bandhuka-Blume	10, Rot	6, Zinnober
	buddhistisch	16, Rot	8, Blau	64, Gelb	32, Grün
Bija	hinduistisch buddhistisch	HAM AH	YAM HUM	RAM SWA	VAM HA
Element	hinduistisch buddhistisch	Raum Feuer	Luft Wasser	Feuer Erde	Wasser Luft
Funktion	hinduistisch	Das Ernährende	Emotionen	Brennende Unreinheiten	Überleben
	buddhistisch	Sprache und Wahrnehmung	Geist	Gefühle	Aktivität
Fahrzeug	hinduistisch buddhistisch	Elefant Pfau	Antilope Pfau	Bulle Pferd	Gurada Shang-Vogel

unwahrscheinlich, daß das jemals zugegeben wird.

Eine andere Möglichkeit ist, daß diese Beschreibungen verschiedene mystische Erfahrungen bestimmter Einzelpersonen sind, die sich im Laufe der Zeit zu einer Tradition verfestigt haben. Andere haben sich dann an diese Tradition angeschlossen und darum bemüht, in ihrem eigenen Erleben mit ihren Meistern konform zu gehen.

Vielleicht drückt jedes der beiden Systeme die Dinge nur in seinen eigenen Begriffen aus, und beide gehen davon aus, daß ihre Begriffe allgemeingültig sind. Hindu-Gottheiten erscheinen folglich in feinstofflichen Hindu-Körpern, genauso wie christliche Heilige in einem christlichen Himmel residieren. Wie sollte es auch anders sein? Betet etwa jede Religion zu einem anderen Schöpfer? Letzlich wäre das geradezu absurd, selbst wenn jede Religion in gewissem Sinn eine eigene Schöpfung darstellt.

Es ist leicht, diese Fragen aufzuwerfen, sie zu beantworten ist schon schwieriger. Auf jeden Fall ist es irritierend, wenn man sieht, daß parallele Traditionen denselben Gegenstand auf so verschiedene Weise beschreiben, und es fällt nicht leicht, angesichts dieser Widersprüche die Realität des feinstofflichen Körpers ernst zu nehmen. Wenn man jedoch einmal alle Unstimmigkeiten vom Wesentlichen trennt, scheint es wenig Zweifel zu geben, daß der feinstoffliche Körper von elementarer Wichtigkeit im Verständnis der spirituellen Entwicklung des Menschen ist, so wie sie in diesen beiden Traditionen gesehen wird. Die Details zu ignorieren, nur weil sie Widersprüche aufweisen, ist keine verantwortungsvolle Vorgehensweise. Selbst wenn der Knoten schwer zu lösen ist, ist es doch notwendig, die Anstrengung zu unternehmen.

Zusammenfassend könnte man den Buddhismus als ein vielschichtiges Gebilde beschreiben, das ursprünglich als Reformbewegung innerhalb des Hinduismus entstanden ist und fortfährt, sich im Lauf der Jahrhunderte weiterzuentwickeln. Im Gegensatz zum Hinduismus ist der Buddhismus eine missionarische Religion, was zu seiner Verbreitung im gesamten Orient geführt hat.

Es ist zwar möglich, viele Bücher über den Buddhismus zu lesen, ohne den geringsten Hinweis auf ein Chakra oder einen Kanal zu finden, aber es gibt guten Grund zu der Annahme, daß der feinstoffliche Körper eine wichtige Rolle in der fortgeschrittenen Praxis des Yoga spielt. Obwohl die buddhistische Beschreibung der Chakren und Kanäle fast vollständig verschieden von der hinduistischen Tradition ist, so deckt sich doch das grundlegende Verständnis von einem Aufsteigen durch immer höhere Ebenen der Erfahrung, das im Kronen-Chakra gipfelt. Insgesamt hat jedoch der Vergleich der beiden Traditionen mehr Fragen aufgeworfen als beantwortet.

Kapitel Vier

Der taoistische Ansatz

Bis vor gar nicht so langer Zeit hielten die Menschen im Westen den Taoismus entweder für philosophisch oder für abergläubisch. Die philosophische Orientierung zeigt sich am deutlichsten im Klassiker des Taoismus, dem *Tao Te King* von Lao Tse, das etwa zur Zeit des historischen Buddha verfaßt wurde. Die denkwürdigen Einleitungsworte des Tao Te King:

> Das Tao, das sich aussprechen läßt,
> ist nicht das ewige Tao;
> der Name, der sich nennen läßt,
> ist nicht der ewige Name.
> »Nicht-Sein« nenne ich den Anfang von Himmel und Erde.
> »Sein« nenne ich die Mutter der Einzelwesen.[1]

Der gesamte Sinn des Taoismus schwingt in diesen einfachen, aber eindrucksvollen und unvergeßlichen Zeilen. Es gibt keine Gottheiten und keine Hierarchien, sondern nur das Annehmen des allgegenwärtigen Mysteriums der Realität, wie es sich in der wachsenden Stille unserer Kontemplation enthüllt.

In der Religionsgeschichte wird allgemein angenommen, daß in der Entwicklung des Taoismus auf eine frühe Blüte ein allmählicher Abstieg folgte, in der die Priesterschaft in den Dunstkreis von Aberglaube und Magie verfiel. Der Taoismus mußte mit dem farbenfrohen Buddhismus, der gerade aus Indien kommend seinen Einzug gehalten hatte, konkurrieren. Um ihn populärer zu gestalten, machten sich daher die Taoisten viele Dinge zu eigen, die bislang in China ignoriert oder abgelehnt wurden, und legten sich ein riesiges Pantheon von Gottheiten zu. Im Gegensatz zum Buddhismus, in dem eine ähnliche Entwicklung stattgefunden hatte, brachte das jedoch keine Erweiterung und Bereicherung der Tradition im Rahmen einer tantrischen Richtung der Religion. Vielmehr führte es zu einer Spaltung zwischen der Tiefgründigkeit, die in der taoistischen mystischen Tradition zu finden ist, und den mehr magisch orientierten, weltlichen Aspekten des volkstümlichen Taoismus. Die weltliche Richtung gewann an Popularität, und der Taoismus als Volksreligion wurde von den kultivierten Chinesen, die in der konfuzianischen Tradition ausgebildet waren, mit milder Geringschätzigkeit betrachtet.

Einer der ersten Hinweise darauf, daß der Taoismus auch noch andere, interessantere Seiten zu bieten hat, war die Veröffentlichung der Schrift *The Secret of the Golden Flower*[2] (Das Geheimnis der Goldenen Blüte) im Jahre 1967. (Das Buch war schon einmal von Richard Wilhelm in den zwanziger Jahren ins Deutsche übersetzt worden, d. Ü.) Dieses Werk, das mit einem Vorwort von C. G. Jung veröffentlicht wurde, ist ein deutlicher Beweis für eine esoterische Tradition im Taoismus, dessen Kernprinzipien in den Redewendungen »die Umkehr der Fließrichtung« und »das Zirkulieren des Lichtes« zu finden waren. Einem Uneingeweihten mag das nicht viel sagen, aber im Zusammenhang der feinstofflich-körperlichen Übungen der Buddhisten und Hindus repräsentieren diese Bilder fundamentale Prinzipien. Das »Zirkulieren des Lichtes« ist eine Grundvoraussetzung der Arbeit mit dem feinstofflichen Körper, und die »Umkehr der Fließrichtung« zeigt an, in welche Richtung wir uns zu bewegen haben, d. h., anstatt in der Außenwelt Energie durch das Herz, den Hals, die Sexualorgane und den Verstand zu verlieren, müssen wir eine Anstrengung unternehmen, um Energie zu absorbieren und sie in uns zirkulieren zu lassen, um durch sie unser inneres Wesen zu stärken. Am deutlichsten ist das sichtbar in bezug auf die sexuelle Energie, von der sämtliche esoterischen Traditionen betonen, daß sie für eine höhere Entwicklung verfeinert werden muß, anstatt bloß als Mittel für menschliche Vergnügungen und der Reproduktion zu dienen.

Das Wesen des taoistischen Yoga

In jüngster Zeit ist ein völlig neuer Aspekt des Taoismus in der westlichen Welt unter der Überschrift »taoistisches Yoga« bekannt geworden. Der Sinn des Yoga, sei es hinduistischer, buddhistischer oder taoistischer Yoga, besteht darin, eine Sammlung von Methoden zur inneren Entwicklung und für ein höheres Bewußtsein zur Verfügung zu stellen. Die Methoden sind natürlich von den kulturellen und mystischen Traditionen derjenigen, die sie praktizieren, beeinflußt. Sie beruhen auf den Erfahrungen von Menschen, die ihr Leben völlig der persönlichen Evolution verschrieben haben.

Taoistischer Yoga ist im wesentlichen von der chinesischen Kultur geprägt. Er wurde zwar im Lauf der Zeit durch eine poetische Bilderwelt und eine endlose mystische Terminologie ausgeschmückt, blieb jedoch in erster Linie praxisorientiert. Der poetische Aspekt kommt deutlich zur Geltung in *Das Geheimnis der Goldenen Blüte*:

> Wenn sich das Licht im Kreis bewegen kann, kristallisieren sich alle Kräfte des Himmels und der Erde, des Lichtes und des Dunkeln. Das ist es, was beschrieben wird als der Keim, oder als die Läuterung der Kraft, oder als die Läuterung des Gedankens.[3]

Eine solche Beschreibung ist zwar eindrucksvoll, aber bisweilen etwas unklar in ihrer Abstraktheit. Diese Art undurchsichtiger Sprache ist jedoch nichts typisch Chinesisches. Buddhistische Tantriker lassen ihre Schriften oft absichtlich unvollständig, damit der Lehrer die Lücken persönlich füllen kann. In der Frühzeit wurden Initiationen den Schülern, die würdig befunden wurden, sie zu empfangen, »eingeflüstert«. Auch im Hinduismus gab es vergleichbare Praktiken. Die Beziehung zwischen Guru und Schüler galt immer als etwas Heiliges, und nichts, was im Schutz der Vertraulichkeit dieses Verhältnisses gesagt wurde, durfte ohne ausdrückliche Erlaubnis weitergegeben werden. Indem die wichtigsten Elemente in der Hand des Lehrers verblieben, konnte der Vorgang der Übertragung der Lehre kontrolliert werden. Die Aura des Geheimnisvollen hatte zudem eine besondere Anziehungskraft. Sie motivierte die Schüler, sich ein Wissen anzueignen, das anderen nicht zur Verfügung stand. Außerdem verhinderte das Weglassen wichtiger Elemente in den schriftlichen Quellen, daß Informationen und Richtlinien nur in die Hände derer gelangten, die sie nicht richtig verstehen und umsetzen konnten.

Der Taoismus beansprucht für sich eine über fünftausendjährige Geschichte, obwohl vorsichtige wissenschaftliche Schätzungen von einer etwa nur halb so langen Geschichte ausgehen. Auf jeden Fall haben wir es mit einer langen Entwicklung zu tun, in der sich ein riesiger Erfahrungsschatz unter den taoistischen Gelehrten bilden konnte, die ihr Leben der Praxis dieser Religion verschrieben hatten. Der taoistische Kanon umfaßt über zwölfhundert Bände.

Der Taoismus hat drei Hauptaspekte, die den Kernprinzipien des Hinduismus und Buddhismus ungefähr entsprechen: Reinigung, Entwicklung des feinstofflichen Körpers und spirituelle Alchimie. Der Aspekt der Harmonisierung und Reinigung wurde besonders ausführlich entwickelt, mit einem Schwerpunkt auf der

Zirkulation der Energie des feinstofflichen Körpers innerhalb des physischen Körpers.

Ein einfaches Beispiel ist die Übung »Inneres Lächeln«[4]. Sie basiert auf der Beobachtung, daß die vielleicht unmittelbarste und zugänglichste Form positiver heilender Energie für jeden Menschen ein herzliches Lächeln ist. In der Übung »Inneres Lächeln« wird die Energie, die mit dem Lächeln verbunden ist, Schritt für Schritt durch den gesamten Körper gesendet, bis jedes Organ, jeder Knochen und alle Gefäße lächeln, d. h. die Energie, die mit dem Lächeln verbunden ist, ausstrahlen.

In mancher Hinsicht ähnelt diese Übung dem Feuermachen. Zuerst sammelt man kleine Zweige und Blätter, dann fügt man größere Zweige und Äste hinzu. Ebenso macht man es mit dem Lächeln: Erst findet man ein herzliches Lächeln in sich und beginnt es in die verschiedenen Körperteile auszubreiten: das rechte Auge, das linke Auge, das Kinn, die Kopfhaut, verschiedene Drüsen, Knochen, Nerven und so weiter. Das wichtige dabei ist, allmählich vorzugehen. Wenn zuviel auf einmal getan wird, wird die Energie sich zerstreuen, und das lächelnde Feuer wird gelöscht. Je gründlicher man das Feuer jedoch entfacht hat, desto leichter wird es, die Energie noch weiter zu verbreiten.

Der Sinn dieser Übung ist es, harmonische und freundliche Bedingungen im Organismus zu erzeugen. Das ist an sich schon die Mühe wert. Gleichzeitig ist diese Übung eine ausgezeichnete Vorbereitung auf alle tiefergehenden Formen der Praxis des feinstofflichen Körpers. Sie stellt eine typische taoistische Methode der Reinigung dar.

Während hinduistische Yogis auf eine Vereinigung mit dem Unendlichen hinarbeiten und Buddhisten das Selbstvergessen suchen, setzen sich die Taoisten normalerweise das Ziel, in Gestalt eines spirituellen Körpers, der aus den kristallisierten Energien ihres physischen und ihres Energiekörpers entstanden

Abb. 29: Das innere Lächeln

ist, die Unsterblichkeit zu erreichen. Das hat dazu geführt, daß sie sich etwas mehr um ihr körperliches Wohlbefinden kümmern, und außerdem, sozusagen als Nebenprodukt, einige bedeutende Entwicklungen auf dem Gebiet der Medizin und in der Kunst fernöstlicher Kampfsportarten hervorgebracht.

Die Kunst der Selbstverteidigung und Akupunktur

Spirituelle Praktiken, bei denen man für längere Zeit bewegungslos in Meditation sitzend verharrt, bringen den Praktizierenden natürlich in der Regel in eine Lage, in der er eventuellen feindlichen Angriffen völlig schutzlos ausgeliefert ist. In solch unruhigen Zeiten, wie sie im mittelalterlichen China herrschten, wurde deutlich, daß die Mönche eine Form von direkter Selbstverteidigung erlernen mußten, um nicht nur ihre Gemeinschaft, sondern auch sich selbst zu schützen, wenn sie einmal auf Reisen waren oder sich zur einsamen Meditation in unbewohnte Gebiete zurückzogen, in denen wilde Tiere sie bedrohen konnten. Einige Historiker datieren das Aufkommen der klassischen Kampfsportarten zurück bis ins sechste Jahrhundert n. Chr., der Zeit, in der der Bodhidharma sich von Indien nach China begeben hatte. Er war daran interessiert, Übungen für Mönche zu entwickeln, die ansonsten den ganzen Tag über in stiller Meditation saßen. Seit dieser Zeit enthalten alle fernöstlichen Kampfsportarten, wenn man ihnen auf den Grund geht, ein spirituelles Element. Im Aikido zum Beispiel, einer japanischen Entwicklung aus dem zwanzigsten Jahrhundert, wird das »Ki« als die kosmische Lebensenergie betont, ohne die die verschiedenen Kampftechniken nicht richtig funktionieren. Ähnlich ist es bei der weitverbreiteten chinesischen Kunst des Tai Chi Chuan, in der das »Chi« dieselbe Funktion hat. Es fließt im Körper und verleiht den Bewegungen des Tai Chi ihre Energie, bis man durch sie schließlich den »höchsten Gipfel« erreicht.

Aus dem Bedürfnis der taoistischen Yogis nach Vervollkommnung ihrer körperlichen Gesundheit erwuchsen medizinische Entwicklungen wie zum Beispiel die Akupunktur. Ihr Ziel war zwar ähnlich wie die Ziele des Hatha-Yoga, aber die Methoden waren anders.

Ein früher taoistischer Yogi[5] zeigte sich besonders betroffen über Energieblockaden in verschiedenen Kanälen des feinstofflichen Körpers, die er sowohl bei sich selbst wie bei seinen Schülern entdeckte. Er kam auf die Idee, goldene und silberne Nadeln zu verwenden, um die Aufmerksamkeit des Körpers auf bestimmte Regionen zu ziehen, die »verstopft« waren. Er sah darin eine Art alchimistische Hilfe zur Öffnung der Kanäle. Sein Interesse dabei war rein yogisch-religiös und spirituell. Es brauchte einige Zeit, bevor seine Methode sich in breiteren Bevölkerungskreisen durchsetzte. Die neue Methode wurde eingesetzt, um eine enorme Vielzahl krankhafter Zustände zu behandeln, und im Lauf der Zeit entstand daraus die Akupunktur, so wie wir sie heute kennen. Es war die Akupunktur, die geholfen hat, den westlichen Leser mit den komplizierten Landkarten der Energiekreisläufe des Körpers bekannt zu machen, so wie sie in Abbildung 30 gezeigt werden.

In der taoistischen medizinischen Literatur gibt es eine endlose Anzahl solcher Darstellungen. Es ist durchaus verständlich, wenn der Leser angesichts der Komplexität der Darstellungen etwas verwirrt ist. Es ist nicht schwer festzustellen, daß diese Karten auf einem Verständnis des Körpers beruhen, das sich vom feinstofflichen Körper unterscheidet, besonders wenn man über die Vielzahl der Meridiane und Druckpunkte liest, die dazu dienen, die Diagramme zu erklären. Es ist nicht leicht, das relativ einfache System der Chakren in der endlosen anatomischen Komplexität der Energiekanäle der chinesischen Medizin wiederzuerkennen.

Bei näherer Betrachtung sieht man jedoch einige bekannte Entsprechungen zwischen den Chakren und den Haupt- und Nebenkanälen in der Akupunktur. Das legt die Vermutung nahe,

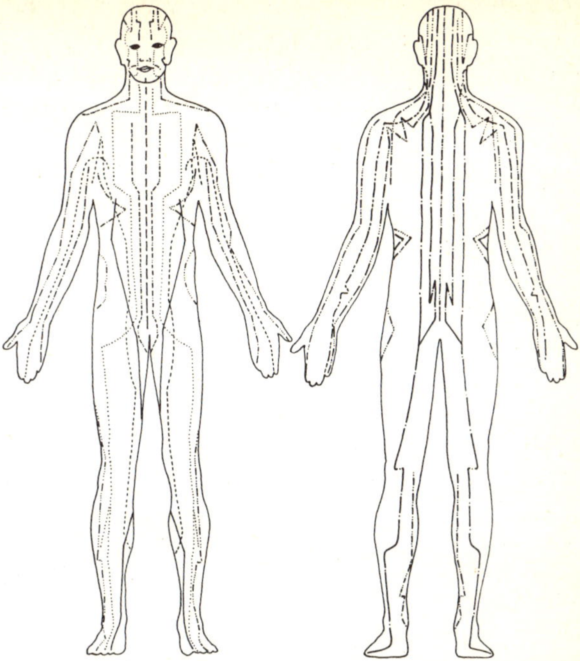

Abb. 30: Die zwölf Hauptmeridiane der Akupunktur

daß wir es mit einer detaillierteren und komplexeren Karte von teilweise schon bekanntem Territorium zu tun haben, die jedoch aus anderen Motiven angefertigt wurde, als wir sie vom Yoga her kennen. Die Akupunkturdiagramme versuchen sämtliche Punkte zu lokalisieren, an denen Kanäle sich treffen und Blockaden auftreten könnten. Sie sind aus medizinischer Sicht in der Diagnose wie in der Therapie nützlich. Für einen Yogi, der von einem gesunden Organismus ausgeht, ist solch detaillierte Präzision allerdings nicht notwendig.

Wenn wir verstehen, daß die chinesischen Landkarten vollständigere Diagramme des feinstofflichen Körpers sind (sowohl hinduistische wie buddhistische Systeme stimmen überein, daß es zweiundsiebzigtausend Energiekanäle gibt), wird viel klarer, in welcher Beziehung diese Karten zu Yoga und Alchimie im Taoismus stehen. Das trifft insbesondere zu auf die zwölf Akupunktur-Meridiane und die acht besonderen psychischen Kanäle, die oft in ihnen beschrieben werden. Charles Luk[6] zum Beispiel stellt fest, daß der Praktizierende, wenn er morgens aufwacht, die Lebensenergie in einer Art feinstofflicher Aufwärmphase, ausgehend von der Basis des Geschlechtsorgans, durch alle acht Kanäle des Körpers, zirkulieren läßt.

Im taoistischen Yoga gibt es darüber hinaus den verbreiteten Gebrauch der drei »Tien Tan«, die in direkter Beziehung zu den Chakren stehen. Die Tien Tan werden gebraucht, um drei Arten von Energie zu speichern: sexuelle, vitale und spirituelle. Sie sind am Nabel, am Herzen und im Kopf lokalisiert. Sie sind nicht so sehr die Stellen, an denen sich die Kanäle verbinden, sondern eher große Speicher. Ihre Lokalisierung entspricht den Chakren, die sich im Kernkanal an denselben Stellen befinden.

In fortgeschritteneren alchimistischen Praktiken wird die Funktion des feinstofflichen Körpers, seiner Kanäle und Speicher als gegeben vorausgesetzt. Ein Beispiel einer solchen Methode ist das »Unter-Dampf-Setzen«. Im taoistischen System wird Hitze mit dem Herz-Zentrum in Verbindung gebracht, während feuchte Kühle zum unteren »TienTan« oder »See der Energie«, der sich im Unterbauch befindet, gehört. Um den Prozeß des Dämpfens in Gang zu setzen, muß die kühle Energie, die in den Nieren und Genitalien enthalten ist, an der Basis des Rumpfes gesammelt werden, während die heiße Energie von Herz und Kopf im Herz-Zentrum gespeichert wird. Die wäßrige, kühle Energie wird durch einen Nebenkanal herauf- und die heiße einen anderen hinuntergeleitet. Man nennt das die Umkehr von »Kan« und »Li« (Feuer und Wasser).

Das Feuer wird sorgfältig unter das Wasser gebracht, das in einem Kessel gesammelt wird, der im Kernkanal auf Höhe des Nabels visualisiert wird. Der Kessel wird erhitzt, bis sich allmählich Dampf entwickelt. Der Dampf hat die Kraft, verschiedene Organe und Energiezentren im Körper zu läutern und den Weg für den aktiven Beginn höherer Prozesse zu bereiten. Bei dieser alchimistischen Prozedur werden nicht nur Basis- und Herz-Zentrum genutzt, sondern auch der Kernkanal und die Seitenkanäle. Insofern handelt es sich um eine feinstoffliche Körperübung.

Abb. 31: Das »Unter Dampf Setzen«

Das taoistische Modell des feinstofflichen Körpers

Die Grundelemente der taoistischen spirituellen Anatomie sind ebenso wie in Hinduismus und Buddhismus die Energiezentren sowie die Kanäle, die sie verbinden. Der wichtigste dieser Kanäle liegt im innersten Kern des Körpers und verläuft im Rücken hinauf und in der Vorderseite hinunter. Die zentralen Kernkanäle entsprechen denen, die im tantrisch-buddhistischen Modell zur Transformation feinstofflicher in spirituelle Energien verwendet werden. Der Kanal in der Wirbelsäule entspricht dem hinduistischen Modell. Der Kanal entlang der Vorderseite des Körpers

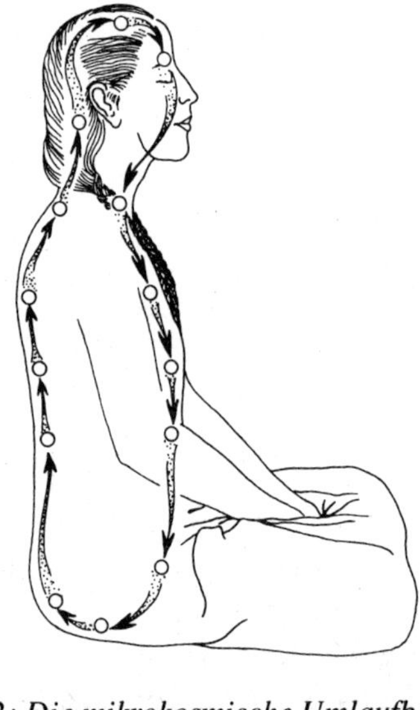

Abb. 32: Die mikrokosmische Umlaufbahn

bildet zusammen mit dem an der Rückseite die »mikrokosmische Umlaufbahn«, ein inneres System zur Verarbeitung und Zirkulation von Energien verschiedenster Art.

Zusätzlich zu diesen Hauptkanälen gibt es fünf weitere große Kanäle, die deutlich erkennbar zu den größeren »Nebenflüssen« des feinstofflichen Körpers zählen. Es sind dies: der positive Armkanal, der negative Armkanal, der positive Beinkanal, der negative Beinkanal und der Gürtelkanal, der sich um den Körper windet. Außerdem gibt es vierundzwanzig Meridiankanäle, zwölf auf jeder Seite des Körpers: Milz-, Leber-, Nieren-, Herzbeutel-, Herz-, Bauch-, Gallenblasen-, Dickdarm-, Dünndarm-, der »dreifache Erwärmerkanal« sowie die Brücken- und Regulierkanäle, die alle Meridiane des Körpers miteinander verbinden.

Jeder dieser Energiepfade wird durch Druckpunkte definiert, die mit der Praxis der Akupunktur zu tun haben. Es ist schwierig, den Verlauf eine Kanals genau zu beschreiben, weil man ihn erst einmal in einem organischen, dreidimensionalen, festen Gebilde lokalisieren muß. Wenn man jedoch die einzelnen Energiepunkte aufgespürt hat, dann kann man auch leichter den Kanal, der sie verbindet, definieren.

Wenn man beispielsweise sagt, daß der Bauch-Meridian »quer über den unteren Teil des Unterkiefers verläuft und vor dem Ohr, der Haarlinie folgend, zur Stirn aufsteigt«, dann ist damit seine Lokalisierung noch keineswegs klar. Eher hilfreich ist da schon ein zweidimensionales Diagramm. Wenn man sich aber auf jeden der Punkte, die in Abbildung 33 gezeigt werden, konzentriert und ihre Präsenz als körperliche Empfindung wahrnehmen kann, dann wird es vergleichsweise einfach, den Kanal, den die Punkte verbinden, zu identifizieren.

Es gibt einen deutlichen Unterschied zwischen der buddhistischen und der hinduistischen Sicht der Chakren einerseits und

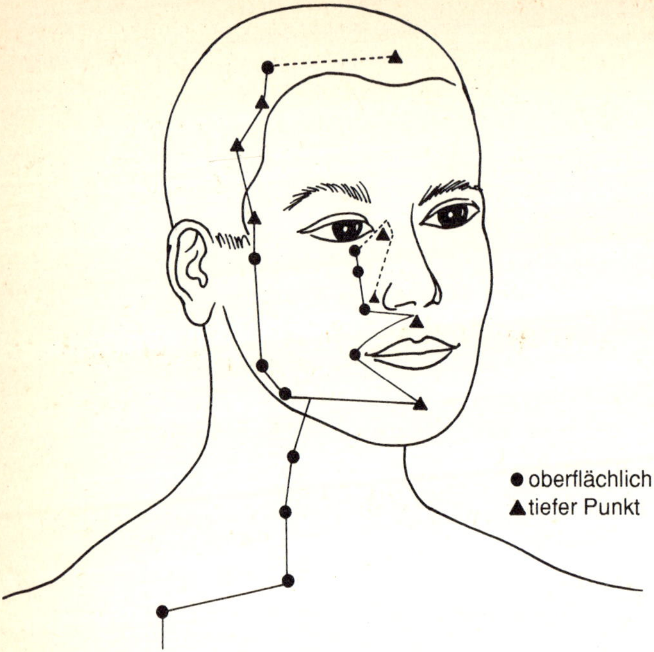

Abb. 33: Ausschnitt des Magenmeridians

der taoistischen Sicht andererseits. Anstelle eines zentralen Kanals, der die vollständig bis in alle Einzelheiten entwickelten Chakren enthält, jedes mit seiner eigenen unverwechselbaren Mythologie und Symbolik, wie dies in Hinduismus und Buddhismus der Fall ist, gibt es im Taoismus zweiunddreißig Hauptkanäle, die zahlreiche Chakren enthalten. Chakren werden im Taoismus als Knospen gesehen, die, wenn man ihnen genügend Aufmerksamkeit schenkt, erblühen können. Es gibt ebenso viele Knospen, wie es Druckpunkte gibt. Die meisten modernen Akupunkteure verwenden die Punkte jedoch ziemlich mechanisch. Sie betrachten sie weder als Einstiegspunkte für die Erschließung verschiedener Dimensionen der inneren Erfahrung, noch bringen sie sie in Verbindung mit einer hoch entwickelten Symbolwelt.

Diese mechanische Orientierung findet man jedoch nicht in der traditionellen Akupunktur, in der die feinstofflichen Energiebahnen zwischen sämtlichen Organen sorgfältig detailliert dargestellt werden, mit einem kunstvoll ausgearbeiteten System von Assoziationen mit Farben, Tieren, Himmelsrichtungen, Emotionen und so weiter. In Tabelle 4 werden einige dieser Assoziationen

Tabelle 4

Taoistische Assoziationen mit den fünf Organen

	Herz	Lunge	Nieren	Leber	Milz
Element	Feuer	Metall	Wasser	Holz	Erde
Jahreszeit	Sommer	Herbst	Winter	Frühling	
Himmels-richtung	Süden	Westen	Norden	Osten	
Sinnesorgan	Zunge	Nase	Ohr	Augen	Mund
Geschmack	Bitter	Scharf	Salzig	Sauer	Süß
Farbe	Rot	Weiß	Blau-Schwarz	Grün	Gelb
Tier	Phönix	Tiger	Schildkröte	Drachen	Drachen
Emotion: *Negativ*	Grausamkeit	Gram	Angst	Wut	Unausgeglichen-heit
Positiv	Respekt	Würde	Sanftmut	Freundlich-keit	Ausgeglichenheit

zusammengefaßt. Ihre Komplexität erinnert an die Chakrasymbolik in Hinduismus und Buddhismus. Die Taoisten nehmen für sich in Anspruch, daß sie über die vollständigste Landkartensammlung für die Schaltkreise des feinstofflichen Körpers verfügen. Wenn man sich einige der Schaubilder ansieht, die in klassischen chinesischen Lehrbüchern zum Thema enthalten sind, bestätigt sich dieser Eindruck.

Keine dieser Karten befindet sich in direktem Widerspruch zu der buddhistischen und hinduistischen Auffassung der zweiundsiebzigtausend Nadis. Nach dieser gibt es sogar noch weitaus mehr Nadis, als in den komplizierten Akupunkturkanälen zu finden sind.

Taoistische Alchimie

Jenseits von Energieschaltkreisen und Chakraknospen gibt es im Taoismus ein fein ausgearbeitetes System der Alchimie, das der Entwicklung höherer Körper dient. Auch in Hinduismus und Buddhismus spielt diese Arbeit eine wichtige Rolle. Im Taoismus wird großer Wert auf die Klärung des Verhältnisses der beiden Körper gelegt. In Tabelle 5 wird ein direkter Vergleich der drei Systeme gezogen.

Der Hinduismus neigt dazu, die Existenz höherer Körper als gegeben vorauszusetzen, während in Buddhismus und Taoismus gilt, daß sie nur durch harte innere Arbeit entwickelt werden können. Im Taoismus wird die interessante Ansicht vertreten, daß höhere Körper durch eine Art Begattungsakt gebildet werden müssen, in einer direkten Parallele zur menschlichen physischen Reproduktion. Dieser Prozeß wird ziemlich wörtlich genommen.

Nach einer erfolgreichen inneren Befruchtung vergehen

Tabelle 5

Ein Vergleich der Höheren Körper

Hinduismus	Buddhismus	Taoismus
Physisch	Emanation	Physisch
Feinstofflich	Freude	Seele
Kosmisch	Wahrheit	Geist

neun Monate bis zur Geburt und bis zu zwanzig Jahren, bis erfolgreich ein reifer höherer Körper kultiviert werden kann. Das Ergebnis ist ein reiner Energiekörper, der wiederum nur eine Stufe auf dem Weg zur Bildung des unsterblichen oder Geist-Körpers ist. Die Tatsache, daß es so lange dauert, den Energiekörper zu bilden, ist vielleicht ein wenig verwirrend, weil die Taoisten bereits von Anfang an mit Energiekanälen und Zentren arbeiten. Diese werden jedoch als Bestandteil des physischen Körpers angesehen, und stehen ausschließlich mit diesem in Verbindung. Der Energiekörper hingegen ist, wenn er erfolgreich gebildet wurde, eine unabhängige Schöpfung, am ehesten dem illusorischen Körper im fortgeschrittenen tantrischen Buddhismus vergleichbar. Auf jeden Fall wird im taoistischen System völlig eindeutig klargestellt, daß die Seele oder der Energiekörper erst erschaffen werden muß, bevor sich der Geist- oder unsterbliche Körper entwickeln kann. Der entwickelte höhere unsterbliche Körper ist die vermittelnde Instanz, der sich der einzelne nach dem Tode zuwenden kann. Dieser Körper ist das einzige bleiben-

Abb. 34: Die drei Körper im Taoismus

de Medium, mit dessen Hilfe das Universum auch nach dem Tod weiter erforscht werden kann, und seine Erschaffung ist das höchste Ziel der spirituellen Arbeit des Menschen.

Ein interessantes Beispiel der Integration verschiedener Ebenen der inneren Entwicklung im Taoismus finden wir in einem Prozeß, den man die »Verschmelzung der fünf Elemente« nennt. Die Methoden, die in Zusammenhang mit diesem Verschmelzungsprozeß angewandt werden, stellen wir detailliert im zweiten Teil vor. Wir möchten aber an dieser Stelle einen Einblick in die Funktionsprinzipien geben[7].

Die Verschmelzung ist im wesentlichen eine Vereinigung der fünf Elemente (Wasser, Feuer, Metall, Holz und Erde) im Körper. Der Verschmelzungsprozeß wird mit einer Reinigung der emotionalen Energien eingeleitet, die alle drei Körper einschließt. Die Reinigung konzentriert sich auf die Organe des physischen Körpers in ihrer Eigenschaft als Speicherplätze für verschiedene negative Emotionen und nutzt dabei den kosmischen oder Raum-Körper, der ausschließlich mit höheren positiven Qualitäten in Verbindung gebracht wird. Als vermittelnde Instanz wird der feinstoffliche Körper eingesetzt, er ist das Medium, in dem die Verschmelzung tatsächlich stattfindet.

Die Taoisten assoziieren die Nieren mit Angst, die Leber mit Zorn, das Herz mit Grausamkeit, die Milz mit Sorge und Unausgeglichenheit und die Lunge mit Gram. Das bedeutet, daß diese negativen Emotionen in den Organen gespeichert sind. In dem Fusionsprozeß werden die Emotionen an Speicherplätze im feinstofflichen Körper umgeleitet und dann im Nabel in eine höhere und ausgeglichenere Energie »fusioniert«. Als letzter Schritt werden dann die geläuterten Energien wieder an die Organe, von denen sie ursprünglich kamen, zurückgegeben. Angst ist in Sanftmut verwandelt worden, Wut in Freundlichkeit, Grausamkeit in Respekt, Unausgeglichenheit in inneres Gleichgewicht und Gram

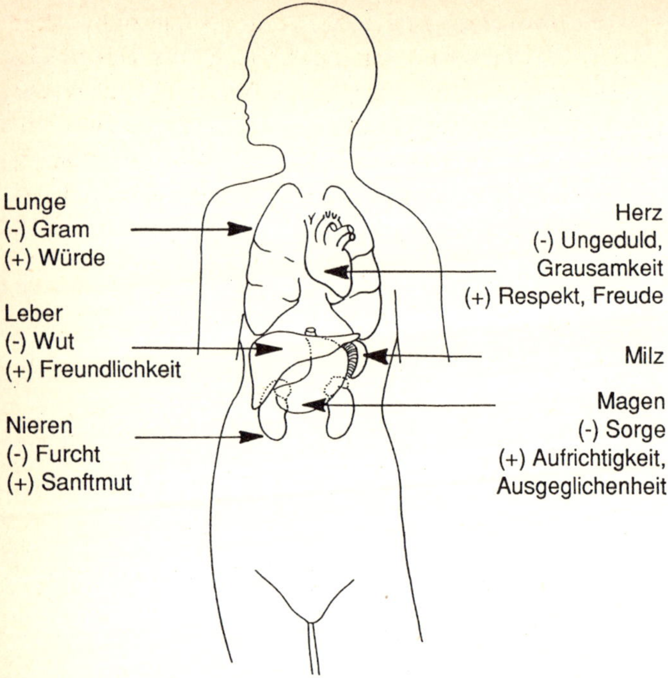

Abb. 35: Die negativen und positiven Emotionen, die mit den Organen des Körpers in Verbindung gebracht werden

in Würde. Was als niedere negative Emotion begonnen hatte, ist in einem Prozeß, in dem Aspekte aller drei Körper zum Tragen gekommen sind, zu einer höheren kosmischen Qualität geworden.

Der Taoismus hat zwar höchst detailliert ausgearbeitete Karten der Energieschaltkreise des feinstofflichen Körpers hervorgebracht, ist insgesamt gesehen jedoch weit weniger detailliert in seinen Beschreibungen der Chakren als der Buddhismus oder Hinduismus. Die Komplexität und Raffinesse des Taoismus ist eine relativ neue Entdeckung für den Westen. Der taoistische Yoga wirft ein neues Licht auf die schon bekannteren tantrischen Praktiken und ist ein deutliches Zeichen dafür, wie weit verbreitet die Arbeit mit dem feinstofflichen Körper in den alten östlichen Zivilisationen war.

Kapitel Fünf

Andere Traditionen

In den meisten Kulturen gibt es Hinweise auf ein Verständnis des feinstofflichen Körpers. Im Osten haben diese Formen eine lange und hoch entwickelte Tradition. In verschiedenen Ländern der Dritten Welt, im Mittleren Osten, Afrika und Südamerika, ist die kulturelle Integration des feinstofflichen Körpers jedoch nicht so leicht festzustellen, und in unserer westlichen Kultur ist seine Entwicklung durch unsere naturwissenschaftliche Orientierung sogar behindert worden. Dennoch sind, wenn man genau genug hinsieht, Spuren fast überall auffindbar.

Den leichtesten Zugang zur Fragestellung, ob es in einer Kultur das Konzept vom feinstofflichen Körper gibt, verschafft uns vielleicht die Frage, ob eine höhere Lebenskraft anerkannt wird, die der feinstoffliche Körper im Prozeß der Transformation nutzen kann. In einem Artikel über das Thema in der Zeitschrift *The Psychic Observer*[1] werden neunundvierzig Beispiele für das Vorkommen dieser Lebenskraft in vielen antiken und modernen Kulturen vorgestellt: Mana (Polynesien), Vis Medicatrix Naturae (griechische Antike), Vital Fludi (mittelalterliche Alchimie), Ranaa (Indien), Manna (Israel), Ka (Ägypten), Astrales Licht (Kabbala), Baraka (Sufismus), Mungo (Afrika), Chi (China), Kerei (Indonesien), Tondi (Sumatra), Blima (Belgisch Kongo), Numen (griechisch), El (hebräisch), Ki (Japan), plus eine Vielzahl von Begriffen amerikanischer Indianer, wie: Orenda (Irokesen), Manitou (Algonquian), Waken (Sioux), Wakonda (Omaha), Maxpe (Crow), Digin (Navaho), Dige (Apache) und Hullo (Chicasaw).

In modernen Systemen finden sich parallele Begriffe wie:

Biotronik, Bioplasma, Ätherziträt, kosmoelektrische Energie, biokosmische Energie und, nicht zuletzt, die von Wilhelm Reich identifizierte Orgonenergie. In Anbetracht der Universalität des Begriffes der Lebensenergie scheint es unglaublich, daß Dr. Reich von der Regierung der Vereinigten Staaten verfolgt und schließlich sogar ins Gefängnis gesteckt wurde, nur weil er die Leute gelehrt hatte, mit ebendieser Energie umzugehen. Dieser Vorfall erscheint, je länger er zurückliegt, immer absurder.

Auf jeden Fall ist die Anerkennung einer allgegenwärtigen Lebenskraft, die die Natur mit Leben erfüllt, eine notwendige Vorbedingung für die Funktion des feinstofflichen Körpers. Die Anerkennung allein reicht jedoch noch nicht aus. Dazukommen muß noch die Lokalisierung der Energiezentren und -kanäle innerhalb des Körpers, durch die die Lebenskraft fließen kann.

Die Verbreitung des Begriffes vom feinstofflichen Körper

Hinweise auf die Kenntnis der Chakren finden sich an den verschiedensten Orten. Das vielleicht eindrucksvollste Beispiel sind die Kalahari-Buschmänner und die australischen Ureinwohner, zwei Kulturen, zwischen denen es praktisch keinerlei Kommunikation gegeben hat.

1973 beschrieb Katz[2], wie das Volk der Kung in der Wüste Kalahari in Afrika bestimmte Tänze vollführt, um eine Kundalini-Erfahrung herbeizuführen. Sie glaubten, daß die Ur-Lebenskraft in der Magengrube ihren Sitz hat. Sobald diese Kraft durch den Tanz angestachelt wird, steigt sie die Wirbelsäule hinauf zum Kopf, wo sie einen übernatürlichen Zustand hervorruft. Dieser vorübergehende Zustand ist charakterisiert durch besondere

Fähigkeiten wie das Sehen über große Entfernungen, einen »Röntgenblick«, sowie durch die Fähigkeit, Stammesmitglieder zu heilen. Die Buschmänner streben diesen Zustand sowohl für ihre eigene Entwicklung an, wie auch um anderen zu helfen. In ihrer Gesellschaft wurde dieser Zustand als nichts Außergewöhnliches angesehen, und Katz berichtete, daß über die Hälfte der Stammesmitglieder die Erfahrung kannten. Es ist bemerkenswert, daß ein Zustand, der im Westen fast unbekannt ist und im Osten sehr rar, in der richtigen kulturellen Umgebung zu einem berechenbaren Faktor werden kann. Das heißt jedoch nicht, daß er für die Kung etwas Selbstverständliches ist. Jede dieser Sitzungen wird von den Stammesmitgliedern als eine heroische Begegnung gesehen, die die Überwindung einer inneren Angst und verschiedenartiger körperlicher Widerstände erforderlich macht.

Auf der anderen Seite des Globus leben die australischen Ureinwohner, die Aborigines, die für lange Zeit geographisch vom Rest der Menschheit getrennt waren. Selbst in der heutigen Zeit haben sie es geschafft, viele ihrer uralten Traditionen trotz des Einflusses der westlichen Kolonisation zu bewahren. Am bekanntesten sind sie vielleicht für ihr Konzept der »Traumzeit«. Auch ihnen ist die Wichtigkeit des Unterbauches als Zentrum der menschlichen Vitalität bekannt. Dr. Harvey Wasserman[3], ein amerikanischer Anthropologe, der die Aborigines in ihrer natürlichen Umgebung studierte, beobachtete auf einer Forschungsreise ein besonderes Ritual dieses Volkes. Lediglich gestützt auf seine Intuition fragte er, ob dieses Ritual es erforderlich mache, sich auf das Zentrum im Unterbauch zu konzentrieren. Die Eingeborenen waren erstaunt und ließen ihn wissen: »Weißer Mann versteht nichts von Kraft im Bauch!« Es war für sie offensichtlich genauso überraschend, über das Kraftzentrum im Bauch befragt zu werden, wie es für Dr. Wasserman war, seine Intuition bestätigt zu bekommen.

Die Kulturen der nord- und südamerikanischen Indianer kennen weitgehend die Bedeutung der Lebenskraft, der Gebrauch der Chakren ist jedoch nicht so offensichtlich. Frank Waters hat kürzlich in einer Arbeit über verschiedene Indianerstämme aus dem Südwesten der Vereinigten Staaten die Situation erläutert. Zusammenfassend schreibt er:

> Die sieben Schluchten der Quiché Maya, die sieben Schoß-Höhlen der Azteken, die sieben »Barrancas« der Vorfahren der Tarahumaras, die sieben Höhlen der Hopis, die sieben Schoß-Höhlen der Zunis und die sieben Ahnendörfer der Yaquis, sie alle können gleichgesetzt werden mit den sieben psychophysischen Zentren des Menschen selbst.[4]

Unabhängig davon, wie man den Realitätsgehalt der Berichte Carlos Castanedas von seiner Arbeit mit den Yaquis einschätzt, so bestätigt sein Material doch nicht nur die Wichtigkeit des feinstofflichen Körpers allgemein, sondern lokalisiert ebenfalls den Unterbauch als den Ort der Lebenskraft.

Charles Lawrence[5] hat in einem Gespräch mit den Autoren berichtet, daß die Medizinmänner der Indianerstämme im Nordwesten der Vereinigten Staaten in ihrer Heilpraxis von der Zentralachse des Körpers Gebrauch machen. Dieses Verfahren war normalerweise ein gehütetes Geheimnis, seine Bedeutung im Rahmen der Praxis des feinstofflichen Körpers war daher für andere nicht so klar.

Überall auf der Welt findet man die verschiedensten Formen zeremonieller und ritueller Bekleidung. Ein Verständnis des feinstofflichen Körpers kann in den Formen dieser Verkleidungen sichtbar werden, wobei manchmal die äußere Form selbst dann noch überlebt, wenn das Wissen schon längst verlorengegangen ist.

Die Schwarzfußindianer beispielsweise tragen einen zu einer Spirale gedrehten Haarschopf, der sich auf ihrer Stirn erhebt. Er ähnelt dem Helmbusch eines Magiers, der die Funktion der höheren Chakren symbolisiert. Der rituelle Punkt, der von Hindu-Frauen getragen wird, ist ein klares Symbol des Dritten Auges. In Südafrika wird oft an derselben Stelle eine Kaurimuschel getragen. Die Zulus tragen ebenfalls eine Frisur, die die Energie in der Gegend des Dritten Auges fokussieren soll. Der Yarmulke, von jüdischen Männern getragen, symbolisiert ungefähr die Gegend des tausendblättrigen Lotos. Der traditionelle Haarschmuck der ägyptischen Pharaonen ist darauf angelegt, die Energieströmungen der höheren Chakren im Kopf zu verstärken. Das traditionelle

Abb. 36: Haartracht der Schwarzfußindiander

Abb. 37: Jüdischer und ägyptischer Kopfschmuck

Gewand der chinesischen Mandarine ist offensichtlich ein Symbol für die politische Macht seiner Träger. Die Symbolik geht jedoch noch weiter: Der Drache, der Autorität repräsentiert, rollt sich in der Gegend des Bauches zusammen, während sein Kopf auf dem Herz-Zentrum ruht. Wenn der Mandarin dieses Gewand anlegt, symbolisiert sein Körper die Weltachse, und das Gewand bildet eine Trennlinie zwischen der materiellen Welt, die von der Drachenrobe regiert wird, und der spirituellen Ebene, die von Hals und Kopf des Trägers repräsentiert wird.

Chakren im Christentum

In sämtlichen großen westlichen Traditionen finden sich Hinweise auf die Nutzung der Chakren. Das berühmte, aber etwas seltsam anmutende Wort im Neuen Testament der Bibel, »Wenn dein Auge eins ist, wird dein Körper voller Licht sein«, scheint die Funktion des Dritten Auges zu beschreiben. Wir können annehmen, daß dieses Wort sich auf das Licht des Verstehens bezieht, oder auf die Energie aus der Atmosphäre, die durch das Dritte Auge aufgenommen wird und Teil des Netzwerkes des feinstofflichen Körpers werden kann, wodurch der Mensch, dem das geschieht, ganz mit Licht erfüllt wird.

In der christlichen Symbolik[6] ist der Kopf der Sitz des Lebens, er herrscht über die anderen Teile des Körpers. Das ist eine deutliche Parallele zu dem Konzept, daß das Lotos-Chakra alle anderen Chakren enthält und mit ihnen in Verbindung steht, genauso wie die Hypophyse mit dem gesamten Hormonsystem verbunden ist und es koordiniert.

Ebenso wird das Herz in der christlichen Symbolik eindeutig mit Liebe und Hingabe assoziiert. Es ist nicht immer klar, ob das körperliche Herz dabei vom Herz-Zentrum differenziert wird, denn die Funktionen sind ähnlich. Darüber hinaus wird das Herz als Behältnis der Essenz des Menschen und sein heiligster Bestandteil gesehen. Parallel dazu findet man in vielen Darstellungen sowohl östlicher wie westlicher Religionen den Gegenstand der Verehrung eines Betenden an der Stelle seines Herzens abgebildet.

In der traditionellen Bilderwelt der christlichen Kunst werden heilige Menschen immer wieder mit einer Aureole dargestellt, einem strahlenden Feld, das anscheinend vom Körper ausgeht und ihn völlig einhüllt, oder mit einem Heiligenschein oder

Abb. 38:»Wenn dein Auge eins ist, wird dein Körper voller Licht sein.«

Nimbus, der sich von der Rückseite des Kopfes um den gesamten Kopf des Heiligen legt. Dabei werden verschiedene Formen und Farben verwendet, jede mit ihrer besonderen Symbolik. Besonders bemerkenswert ist jedoch, daß diese Energieformen ein deutlicher Ausdruck für das Funktionieren des Energiekörpers dieser heiligen Menschen sind. Die geläuterte Energie, die von ihnen ausgeht, wird dabei in goldenen, leuchtenden, flammenden

Abb. 39: Die Bewegung des Mantras vom Kopf zum Hals und zum Herzen

Tönen oder in allen Farben des Regenbogens geschildert. Wenn der gesamte Körper aktiviert ist, wird das am angemessensten in einer Aureole dargestellt, während die Funktion der höheren Zentren im und um den Kopf herum natürlich durch einen Heili-

Abb. 40: Die Herabkunft des Gebetes durch die drei Zentren

genschein ausgedrückt werden. Christen erklären normalerweise den Gebrauch der Symbolik dieser Energieformen nicht als Äußerungen des feinstofflichen Körpers, aber der tiefere Sinn ist klar. Wo sonst sollte das Motiv seinen Ursprung haben?

In der Tradition der orthodoxen Kirche des Ostens finden sich noch weitere Hinweise auf den feinstofflichen Körper. In *The Way of a Pilgrim*[7] (Der Weg eines Pilgers) werden die Wirkungen des Jesusgebetes graphisch dargestellt. Der Inhalt dieses Gebetes ist zwar typisch christlich (»Herr Jesus Christus, sei mir armem Sünder gnädig«), das Grundprinzip, nach dem dieses Gebet angewandt wird, ist jedoch ähnlich wie die Methoden des Mantra-Yoga: die Wiederholung heiliger Worte oder Silben, die für den einzelnen eine besondere Bedeutung haben. Darüber hinaus führt man durch die endlose Wiederholung das Gebet vom Verstand (Kopf) tiefer in den Hals und schließlich ins Herz, wo seine Wirkung vielfach verstärkt wird. Diese Reihenfolge entspricht der Öffnung von Kopf-, Hals- und Herz-Chakra, und die Energie des Gebetes findet allmählich ihren Weg immer tiefer in das Wesen des Betenden hinein. Die Wirkungen des Gebetes entsprechen darüber hinaus der buddhistischen Einstellung, daß das Grundverhalten des Menschen im wesentlichen aus Denken (Geist), Sprechen (Rede) und Mitgefühl besteht.

Wenn man neben dem traditionellen Christentum die modernen esoterischen Richtungen betrachtet, wird die Verbindung mit den Chakren und anderen Praktiken schon deutlicher. Es ist nicht leicht festzustellen, ob diese Verbindung von zeitgenössischen Christen auf Grund ihrer Kenntnis der östlichen Traditionen künstlich hergestellt wurde, oder ob sie aus einem Verständnis der verborgenen Aspekte des Christentums selbst kommt. Auf jeden Fall sollte diese Literatur nicht unerwähnt bleiben.

Es gibt zum Beispiel einen Kommentar von Edgar Cayce[8] zum Buch der Offenbarung des Johannes, in dem eine direkte Verbindung zwischen der poetischen Symbolik, die in der Offenbarung enthalten ist, und dem feinstofflichen Körper hergestellt wird. Cayce setzt die sieben Tempel mit den sieben spirituellen

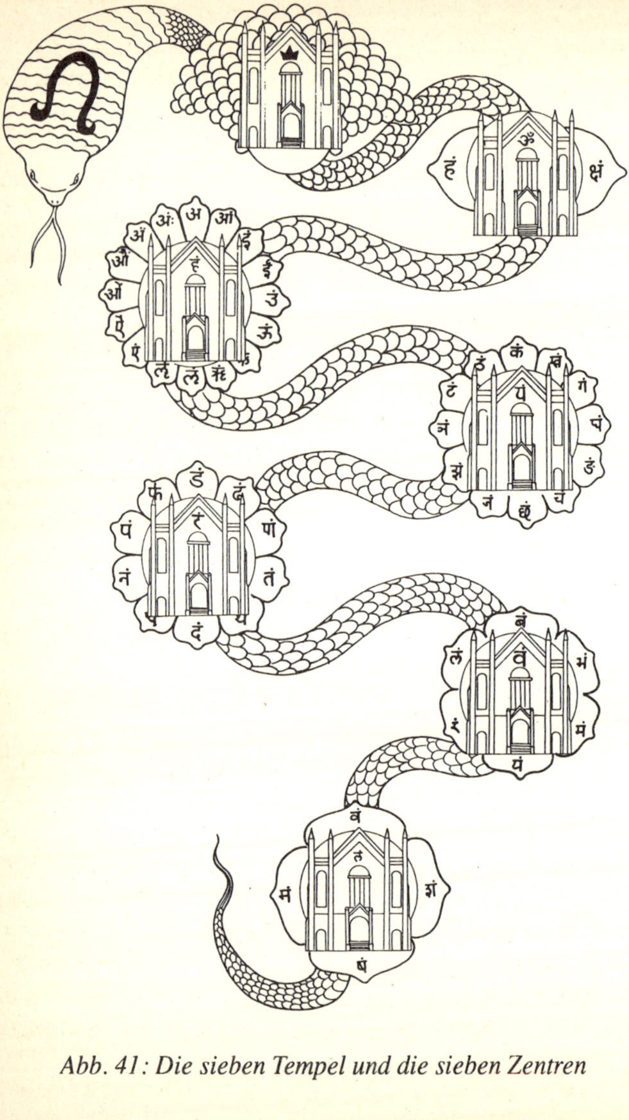

Abb. 41: Die sieben Tempel und die sieben Zentren

Zentren gleich. Davon ausgehend interpretiert er das Buch der Offenbarung als einen im wesentlichen Yoga-Text, der beschreibt, wie die verschiedenen Energiezentren geläutert und integriert werden können, damit ein neues Wesen auf der Ebene des Christusbewußtseins erschaffen werden kann.

Ein überaus einflußreicher spiritueller Lehrer der Neuzeit war Georg I. Gurdjieff. In seinem System wird eindeutig die Wichtigkeit der drei Zentren im Kopf, im Herz und im unteren Teil der Wirbelsäule betont. In einem seiner Vorträge erwähnt er, daß man seine Lehre als esoterisches Christentum beschreiben könnte[9].

Ein weiteres Beispiel für den ausführlichen Gebrauch des Chakramodells innerhalb des modernen Christentums findet sich in der Arbeit von Jean Savoy[10]. Es ist nicht klar, ob Savoys Gebrauch des feinstofflichen Körpers eine spätere Hinzufügung zu seinen grundlegenderen biblischen Studien ist, oder ob sie aus diesen abgeleitet wurde. Es kann aber kaum bezweifelt werden, daß das moderne mystische Christentum und die Spiritualität, die den feinstofflichen Körper voraussetzt und einschließt, eine umfangreiche Literatur hervorgebracht haben.

Chakren im Islam

Im Vergleich zum Christentum ist die islamische Religion ungewöhnlich direkt. Sie schließt einen formalen Klerus aus, beschränkt die Theologie auf ein Minimum und betont den Glauben an einen Gott. Offenbar hat der Islam wenig über den feinstofflichen Körper oder andere höhere spirituelle Ausdrucksformen zu sagen. In der Sufi-Tradition innerhalb des Islam können jedoch Spuren und Hinweise in dieser Richtung gefunden werden.

Ein besonders interessanter und aufschlußreicher Hinweis kann in dem Buch *The Mystic Rose From the Garden of the King*[11] (Die mystische Rose aus dem Garten des Königs) nachgelesen werden. Diese höchst poetische Handschrift enthält die Beschreibung eines seltsamen siebengeschossigen Tempels des Wissens. Wenn man diesen Abschnitt der Handschrift sorgsam liest, kann man feststellen, daß es eine Reihe überraschender Entsprechungen zwischen den sieben Stockwerken des Tempels und den traditionellen Funktionen der sieben Chakren gibt. Das dritte Chakra von unten beispielsweise enthält einen strahlenden Jäger, ein frei schwebendes Schwert, das die Notwendigkeit eines Ausgleichs zwischen Mensch und Natur darstellt, und einen alternden Derwisch, umgeben von einem schützenden Mantel. Die Bilder stehen im Einklang mit den Funktionen des Nabel-Chakras als Ausgleichspunkt des Energieflusses und Quelle von Kraft und Schutz.

Im abschließenden Kapitel desselben Buches fragt der König, der der Erzählung von der mystischen Rose beiwohnt, wo der Tempel des Wissens denn nun gefunden werden könne. Der mystische Derwisch gibt ihm zur Antwort: »Wende dich deinem Herzen zu. Darin verborgen liegt der großartige Tempel des Wissens.« Er macht damit deutlich, daß die Vision ihren Ursprung und Schwerpunkt im Inneren hat.

Gelegentlich findet man in der Sufi-Literatur Hinweise auf etwas, das sie »Latifa« nennen, ein Begriff, der soviel heißt wie »Chakra«. Da jedoch Hindus, Moslems und Buddhisten eine lange gemeinsame Geschichte haben, ist das kaum verwunderlich.

Chakren im Judentum

Die älteste Tradition des Mittleren Ostens, die auch in unserer heutigen Welt noch eine aktive Rolle spielt, ist das Judentum. Sie basiert auf dem Studium des Alten Testamentes, der Tora (einer Sammlung von Kommentaren über das Alte Testament und anderer heiliger Texte) und der Kabbala. In der Kabbala wird die mystische Tradition des Judentums bewahrt. Das zentrale Symbol der Lehre der Kabbala ist der Baum des Lebens, dessen Grundform in Abbildung 42 gezeigt wird.

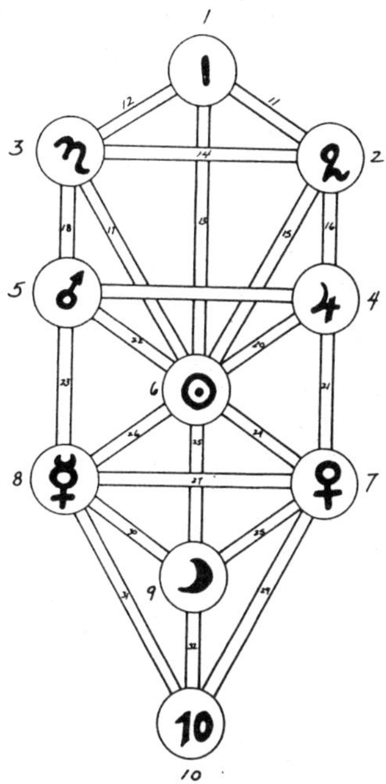

Abb. 42: Der Baum des Lebens

Abb. 43: Shri Yantra

In mancher Hinsicht ähnelt der Baum des Lebens dem hinduistischen Shri Yantra. Beide beschreiben den vollständigen Prozeß der Schöpfung des Universums und beinhalten ein breites Spektrum paralleler Begriffe, wie beispielsweise die Identität von Mikrokosmos und Makrokosmos.

Eine Betrachtung seines Aufbaus legt einen Vergleich mit den Hauptkanälen des feinstofflichen Körpers nahe. Die zentrale Kraft fließt durch die vertikale Achse. Die Säulen auf der rechten und linken Seite umfassen den absteigenden Kreislauf, genau wie dies die Kanäle Ida und Pingala tun, und werden mit den männlichen und weiblichen Aspekten des Universums verbunden. Wenn

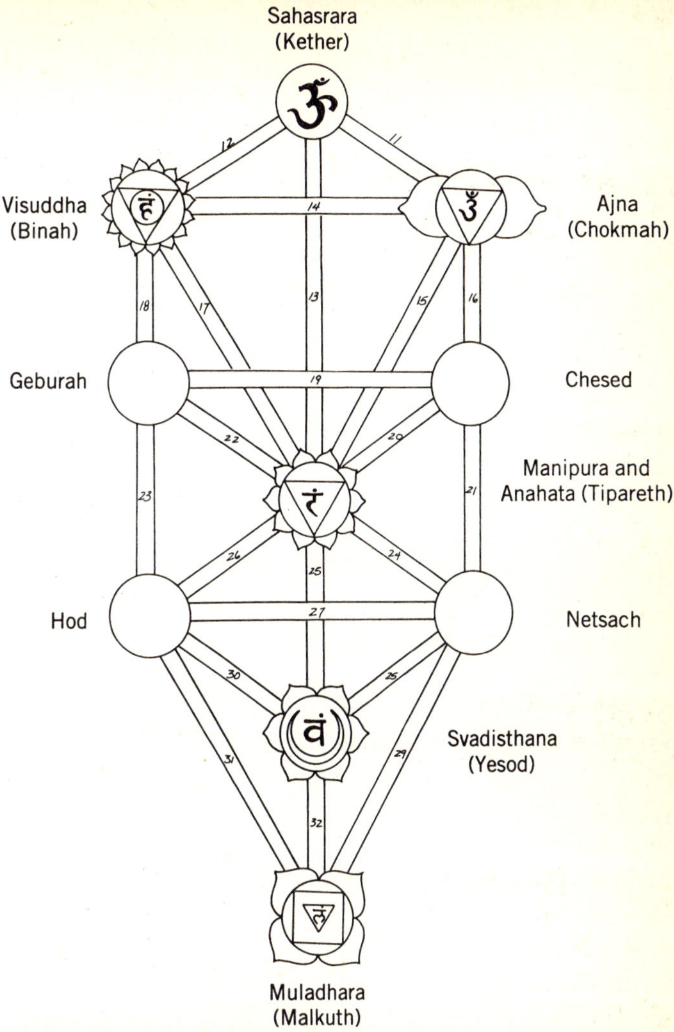

Abb. 44: Die Entsprechungen zwischen Sephiroth und Chakras

man einmal genauer hinsieht, entdeckt man eine ganze Reihe äußerlicher Entsprechungen zwischen dem Lebensbaum und dem System der Chakren. Malkuth steht eindeutig an der Basis. Kether bildet nicht nur die Krone des Baumes, sondern das Wort »Kether« bedeutet auch » die Krone«. Außerdem sind die Zentren oder »Sephiroth« in drei Gruppen aufgeteilt, eine obere, eine mittlere und eine untere, in derselben Form, wie sie von tantrischen buddhistischen Lehren verwendet wird.

Direkte Parallelen sind zwischen einzelnen Sephiroth und Chakren gezogen worden. Dion Fortune[12] hat diese Parallelen in ihrem wichtigen Buch *The Mystical Quabalah* (Die mystische Kabbala) folgendermaßen zusammengefaßt: Malkuth (die irdische Sphäre) entspricht dem Muladhara-Chakra in der Damm-Gegend. Yesod entspricht dem Svadisthana-Chakra an der Wurzel der Geschlechtsorgane. Tiphareth ist mit den Manipura- und Anahata-Chakren verwandt, die sich in der Brust und am Solarplexus befinden. Binah wird mit dem Vishuddha-Chakra im Kehlkopf in Verbindung gebracht. Chokma entspricht dem Ajna-Chakra und Kether dem Sahasrara-Chakra, dem tausendblättrigen Lotos.

Neben diesen spezifischen Verbindungen hat jedes Sephiroth eine Reihe von Entsprechungen in Form unmittelbarer Parallelen in den Traditionen des Hinduismus und Buddhismus. Kether wird beispielsweise auch der »Punkt innerhalb des Kreises« oder der »weiße Kopf« genannt, und bezieht sich auf die Vereinigung mit Gott oder die Vollendung des Großen Werkes. Chokmah ist als die erleuchtende Intelligenz bekannt und wird mit der Vision Gottes in Verbindung gebracht. Tiphareth steht in Verbindung mit dem Geheimnis des Kreuzes und der vermittelnden Klugheit, die sich beide klar auf das Herz beziehen. Yesod wird mit der Vision der inneren Funktionen des Universums (der Schöpfung) assoziiert. Malkuth, das an der Basis lokalisiert ist, wo die Kundalini liegt, wird verschiedentlich auch das »Tor zum Garten Eden« oder »Malkah, die Königin« genannt.

Doch nicht nur die Sephiroth und ihre Lokalisierung ist wichtig, sondern auch die Pfade, die die Zentren miteinander verbinden und so festlegen, auf welche Weise die Schöpfung stattfindet. Es ist sehr aufschlußreich, daß es ausgerechnet zweiunddreißig solche Pfade gibt. Das entspricht genau der Anzahl der wichtigen Kanäle im feinstofflichen Körper gemäß dem taoistischen System. Ob diese Kanäle mit der Symbolik der Pfade des Lebensbaumes in Verbindung stehen, das ist eine andere Frage.

Auf jeden Fall ist die Erforschung des wiederkehrenden Motivs des feinstofflichen Körpers in verschiedenen kulturellen und religiösen Kulturen eine Aufgabe, die ein sorgfältiges Quellenstudium erforderlich macht. Es ist nicht unser Ziel, dieser Aufgabe gerecht zu werden, sondern wir wollen lediglich aufzeigen, daß eine solche Kontinuität wahrscheinlich tatsächlich existiert. Wenn uns das gelungen ist, dann ist eines unserer wesentlichen Ziele schon erreicht.

Kapitel Sechs

Schlußfolgerungen

Die verschiedenen Darstellungen des feinstofflichen Körpers, die wir in den vorangegangenen Kapiteln beschrieben haben, enthalten eine Reihe von Elementen, die allen gemeinsam sind. Gleichzeitig müssen wir uns jedoch auch den endlosen Unterschieden und Widersprüchen stellen, die im Rahmen dieser Erkundungsreise aufgetaucht sind. Das wäre völlig problemlos, wenn man den feinstofflichen Körper lediglich als einen rein mythologischen Archetyp sieht, durchtränkt von symbolischen Bedeutungen. Auf einer Ebene ist das auch tatsächlich der Fall. Doch während er in manchen Traditionen als Traumkörper oder illusorischer Körper erscheint, ist doch das Entscheidende, daß gleichzeitig festgestellt werden kann, daß der feinstoffliche Körper, wenn er aktiviert und entwickelt worden ist, auch im Alltag mit ebensoviel Realität wie der physische Organismus existiert. Wenn das tatsächlich der Fall ist, haben wir es mit einer Art spiritueller Anatomie zu tun, und die Anatomie - zumindest auf der physischen Ebene - ist bei allen Menschen mehr oder weniger gleich. Wenn daher ein feinstofflicher Körper existiert, wie ist es dann möglich, daß es über die Details seiner Beschaffenheit so viele unterschiedliche Darstellungen geben kann, wie sie sich uns in der Literatur über dieses Thema präsentieren?

Die vernünftigste Annäherung an dieses Problem ist vielleicht in der Geschichte von den weisen Männern und vom Elefanten enthalten. Die Weisen waren blind. Jeder von ihnen näherte sich dem Elefanten von einer anderen Seite, wodurch sich eine erstaunliche Vielfalt unterschiedlicher Schlußfolgerungen über die wahre Gestalt des Elefanten ergab.

»Er ist wie eine große Säule,« sagte der erste und schlang seine Arme um ein Bein des Elefanten, bis der Elefant ihn unwillig wegschubste. »Und er ist sehr stark!« fügte der Weise hinzu, als er sich nach seinem Sturz wieder vom Boden erhob.

»Nein, du irrst. Er ist wie ein Seil,« sagte der zweite Weise und zog an seinem Schwanz. Der Elefant mochte das gar nicht und trat den Mann, so daß er umfiel. Als er wieder auf die Beine kam, sagte er: »Und er ist sehr, sehr mächtig, und man muß sich ihm mit großer Vorsicht nähern.«

»Falsch,« sagte der dritte und berührte das Rüsselende des Dickhäuters. »Er ist sehr, sehr vorsichtig, kann aber fest zugreifen.«

Nachdem sie sich in sichere Distanz zu dem Elefanten begeben hatten, fuhren sie fort, sich über die Natur des Tieres zu streiten. Schließlich nahm der Elefant einen großen Schluck Wasser und sprühte es über seinen Rücken. Ein Teil des versprühten Wassers fiel auf einen vierten Weisen, der daraus den Schluß zog: »Er ist sehr leicht und fällt vom Himmel.«

Sie stritten noch immer über das Wesen des Elefanten, als dieser von alldem genug hatte und in den Wald fortging.

Aus der Perspektive dieser Fabel wäre die größte Annäherung an die Wahrheit eine Zusammenfassung sämtlicher Erfahrungen, was jedoch voraussetzt, daß man sehr viele verschiedene Erfahrungen vieler verschiedener Menschen sammelt. Trotzdem bleibt nach einer solchen Synthese noch immer die Aufgabe, etwas zu visualisieren, das die Eigenschaften einer Säule, eines Seiles, einer Hand und eines Regenschauers auf sich vereinigt. Das Ergebnis wird wahrscheinlich nichts weiter als ein großer kosmischer Kopfschmerz sein. Andererseits heißt das aber noch lange nicht, daß sich auch nur einer der Weisen in seiner Beurteilung geirrt hat. Ihr Irrtum lag lediglich darin, anzunehmen, daß ihre Erfahrung die einzig mögliche Version der sie umgebenden Realität war.

Widersprüche in den Beschreibungen der Chakren

Aus wissenschaftlicher Perspektive hat Neff[1] kürzlich einige der Widersprüchlichkeiten in den verschiedenen Beschreibungen der Chakren untersucht und einige Erklärungsmöglichkeiten für diese Unregelmäßigkeiten vorgeschlagen. Eine Möglichkeit wäre, daß jemand, wenn er zwei Dimensionen, die physische und die ätherische oder feinstoffliche, gleichzeitig wahrnimmt, leicht verwirrt sein kann. Eine zweite Möglichkeit sieht Neff darin, daß die Unterschiede in der Lokalisierung und Beschreibung der Chakren dadurch zustandekommen, daß sie von verschiedenen Menschen mit verschiedenen psychischen Eigenarten wahrgenommen werden. Eine »astrale Psyche« neigt dazu, Chakren auf der Vorderseite des Körpers zu suchen, während eine »mentale Psyche« sich eher auf die feinere evolutionäre Energie, die über den Rücken aufsteigt, einstimmt.

Eine dritte Erklärung besteht darin, daß es zwar viele Chakren gibt, aber nur diejenigen, die in einer Kultur am meisten betont und folglich am besten entwickelt werden, auch beschrieben werden. Ein klares und faszinierendes Beispiel finden wir in Dürckheims Buch *Hara*[2], das beschreibt, wie die japanische Kultur auf der Kultivierung des Zentrums im Unterbauch aufbaut.

Darüber hinaus sieht ein Lehrer vielleicht viele Chakren, aber spricht aus didaktischen Gründen nur über einige. Im Buddhismus werden zum Beispiel oft die oberen Chakren betont. Die unteren werden zwar nicht negiert, stehen jedoch innerhalb des Kontextes des Buddhismus nicht so sehr im Brennpunkt des Interesses.

Dann kann es ebenfalls sein, daß eine bestimmte Tradition dazu führt, daß man sich auf bestimmte Chakren konzentriert. Das ist keinesfalls eine kulturelle Einschränkung, sondern lediglich die besondere, typische Praxis innerhalb der jeweiligen Kultur. In Christentum, Bhakti-Yoga und Sufi-Mystik beispielsweise konzentriert man sich in erster Linie auf die Entwicklung des Herz-Chakras.

Schließlich vermutet Neff, daß, weil Chakren im Grunde Erfahrungen auf einer nichtkörperlichen Ebene sind, ihre körperlichen Entsprechungen veränderlich sind und nur in Annäherungswerten angegeben werden können.

Zusätzlich zu diesen Erklärungen wird noch eine Reihe anderer Möglichkeiten vorgeschlagen. Zum Beispiel wird gesagt, daß der feinstoffliche Körper sich auf die Ebene des Traumzustandes bezieht. Im tantrischen Buddhismus siedelt man die Übungen des feinstofflichen Körpers und die Übungen mit dem Traumzustand auf derselben Ebene an[3]. Eines der Merkmale von Erfahrungen, die sich an der Grenze zum Unbewußten abspielen, ist, daß die gewöhnlichen Gesetze der Logik aufgehoben werden und etwas gleichzeitig sowohl »A« wie »Nicht-A« sein kann. Es liegt im Wesen eines jeden Traumes, daß eine Person sie selbst und jemand anders gleichzeitig sein kann. Erst beim Erwachen werden diese offensichtlichen Widersprüche in unserem homogenen Weltbild vereint. Je mehr man sich der Arbeit am feinstofflichen Körper auf der Ebene von Traum und Mythologie nähert, desto mehr kann man erwarten, daß sich Unregelmäßigkeiten zeigen.

Zum zweiten gibt es auch immer politische Überlegungen. Wenn eine neue Religion um ihr Überleben kämpft, versucht sie natürlich, sich möglichst deutlich von der Konkurrenz abzusetzen. Eine Religion wird niemals die Übereinstimmungen mit anderen Religionen besonders hervorheben. Viele Traditionen werden dabei sogar soweit gehen, daß sie gegen ihre eigenen Prinzipien verstoßen, wenn es darum geht, ihr eigenes, unverwechselbares symbolisches Universum zu gestalten.

Drittens gibt es eine unvermeidliche Tendenz, die Erfahrungen einer schöpferischen und originellen Person zum Vorbild zu nehmen und sie in ein der Tradition innewohnendes Ritual zu verwandeln, innerhalb der diese Erfahrungen aufgetreten sind. Was als persönliches Ereignis begann, entwickelt sich zu einer Formel, die für alle gelten soll. Das war zwar niemals beabsichtigt, aber es läßt sich kaum vermeiden. Es ist selbst für Lehrer nichts Ungewöhnliches, daß sie der Tendenz zum Opfer fallen, anzunehmen, daß ihre Schüler dieselbe Form und Reihenfolge spiritueller Erfahrungen erleben müssen, die sie selbst erfahren haben.

Eine Annahme, die damit in Zusammenhang steht, stellt für uns ein nicht geringes Problem dar: Was jemand über seine eigene Erfahrungswelt feststellt und aussagt, ist normalerweise wahr, zumindest für ihn selbst. Was er jedoch über die Erfahrungen anderer Traditionen aussagt, ist normalerweise falsch. Der Grund dafür liegt in seiner Gebundenheit an das, was ihn bisher geistig genährt hat, und im Mangel an Verständnis für andere Traditionen.

Es ist wichtig zu sehen, daß jede Annäherung an den feinstofflichen Körper ihn auf bestimmte Weise beeinflussen kann und es auch wird, gleich, ob es sich um eine direkte Methode handelt oder nicht. Das Jesusgebet ist ein gutes Beispiel. Es kommt aus einem orthodoxen christlichen Kontext und handelt von Sünde und Vergebung. Die indirekte Wirkung besteht jedoch darin, daß sich das Hals- und Herzchakra öffnen.

Man könnte noch viele andere Beispiele nennen. Die Kultivierung von Liebe und Mitgefühl in Bhakti-Yoga, Christentum und Mahayana-Buddhismus wird unweigerlich das Herz-Zentrum entwickeln. Die Ausübung einer Kampfsportart unterstützt eine Zentrierung im Unterbauch, ganz gleich, ob das im einzelnen gelehrt wird oder nicht. Jede systematische spirituelle Praxis, die keine vorübergehende Laune bleibt, wird höchstwahrscheinlich eine Wirkung auf den feinstofflichen Körper haben, die, wenn man danach sucht, auch feststellbar ist. Die heilige Therese von Lisieux zum Beispiel erlitt periodisch Anfälle, mußte Halluzinationen und seltsame spontane Körperverrenkungen über sich ergehen lassen, die überhaupt nichts mit ihrer christlichen Praxis zu tun hatten, hingegen im Kontext des Kundalini-Yoga durchaus verständlich gewesen wären.

Der eher direkte Ansatz, in dem bewußt versucht wird, die Chakren zu kultivieren, scheint vielleicht der vernünftigste, ist aber nicht unbedingt auch immer und für jeden der effektivste. Er hat jedoch den Vorteil, in seinem eigenen Bereich die klarste Zielstellung zu haben, und die Ergebnisse, die durch ihn erzielt werden, können leichter akzeptiert werden, denn man hat sie ja bewußt angestrebt.

Jede Methode, den feinstofflichen Körper zu kultivieren, die sich im Lauf der Zeit bewährt hat und lebendig geblieben ist, beinhaltet, wenn man sie einmal genau untersucht, eine Verschmelzung von Tradition, Glaube, kulturellen Einflüssen, der jeweiligen inneren Erfahrung des Urhebers dieser Methode und schließlich der Praxis der Methode selbst. Es ist schwierig, wenn nicht unmöglich, die verschiedenen Wirkungen dieser vielgestaltigen Einflüsse auseinanderzuhalten, besonders, wenn sie von dem Glauben, der in vielen Praktiken eine Rolle spielt, getränkt und gefärbt sind. Für einen Buddhisten sind sämtliche buddhistischen Methoden selbstverständlich die besten. Wenn man sich jedoch auf das praktische Element konzentriert, auf das, was man tatsächlich tut , dann ist es möglich, Strategien zu entdecken, die nicht nur in einer, sondern in mehreren Traditionen gleichzeitig ihre Anwendung finden. Solche Strategien sind dann allgemeingültig, auch wenn man sie aus dem kulturellen Kontext, in dem sie eingesetzt werden, herausnimmt.

Das Drei-Körper-Modell

Bevor wir solche Strategien detaillierter betrachten, ist es hilfreich, Kategorien zu finden, nach denen verschiedene Traditionen eingeordnet werden können, damit wir ihre wesentlichen Züge besser definieren können. Das einfachste Modell ist vielleicht ein Konzept, das von drei Körpern ausgeht und Bewußtsein, Energie und Eigenschaften als grundlegende Dimensionen verwendet. Dieses Schema entspricht in etwa dem physischen, feinstofflichen und kosmischen Körper. Während die meisten Methoden verschiedene Kombinationen dieser drei Dimensionen anbieten, neigen einige dazu, einen Schwerpunkt in einer bestimmten Richtung zu bilden. An diesen können wir das Modell am besten erklären.

Im Hinayana-Buddhismus zum Beispiel, in bestimmten Aspekten des Zen-Buddhismus und in den Lehren moderner Meister wie Krishnamurti und Maharishi wird der Schwerpunkt fast ausschließlich auf die Kultivierung des Bewußtseins gelegt.

Die Betonung des Energieflusses und der Transformation ist in vielen Formen des Yoga zu finden. Die vorangegangenen Kapitel haben einen allgemeinen Überblick über diese Form der Praxis gegeben.

Methoden, die sich auf positive universale Qualitäten konzentrieren, die einfach da sind, im Gegensatz zur Energie, die sich ständig von einem Ort zum anderen bewegt, findet man in vielen traditionellen Religionen. Diese Qualitäten, die man häufig auch »gute Taten« nennt, können in Verbindung mit Gebeten zur Entwicklung des Charakters dienen. In fortgeschrittenen mystischen Praktiken jedoch, wie z. B. im formlosen Pfad des tantrischen Buddhismus (einschließlich Mahamudra, Ati-Yoga, und dem Yoga der Großen Befreiung) wird der Schwerpunkt ausschließlich auf höhere Stufen des Bewußtseins und des Seins gelegt.

Wenn die Unterscheidung unseres Drei-Körper-Modells nach drei Kategorien zutreffend ist, sollte es möglich sein, jede Tradition danach einzuordnen, welches Gewicht sie den drei beteiligten Elementen (Bewußtsein, Energiefluß und höheren Qualitäten) zumißt. Diese Klassifizierung sollte uns dann erlauben, einen Vergleich anzustellen. Ein solches Verfahren kann sehr nützlich sein, denn womöglich stellt sich ja heraus, daß die schier endlosen Differenzen im Detail mehr scheinbar als real sind.

Die Identifikation grundlegender Strategien

Um in unserer Fragestellung weiterzukommen, kann man sich zur Aufgabe machen, bei den Strategien, die in den verschiedenen Systemen eingesetzt werden, die Probe auf Exempel zu machen. Der »Strategie-Test« könnte als eine typisch amerikanische Annäherung an die Mystik beschrieben werden: »Finde heraus, was funktioniert, und nutze es.« In unserem Fall ist es jedoch schwierig, zu bestimmen, was funktioniert, denn jede Methode ist tief in ihren spezifischen historischen und kulturellen Kontext eingebettet. Es ist jedoch keineswegs schwer, in Methoden, die überlebt haben, immer wieder auftretende Prinzipien und Strategien zu erkennen. Wenn das auch nicht die Wirksamkeit einer Strategie beweist, so kann es doch helfen zu klären, ob sie überhaupt wert ist, weiter untersucht zu werden.

Wir wollen eine Reihe von Beispielen solcher Strategien anführen, um das Verfahren zu veranschaulichen.

1. Laß dich nicht ablenken. Jede Methode, die es erforderlich macht, für längere Zeit ein bestimmtes Bild, eine Vorstellung oder einen Gedanken vor Augen zu halten, macht sich diese Strategie zunutze. Das Prinzip findet so breite Anwendung, daß es schon fast für selbstverständlich gehalten wird, gleich ob es als Bestandteil eines Gebetes, einer Aufmerksamkeitsübung oder bei der Visualisierung einer Gottheit Anwendung findet.

2. Je mehr Ebenen, desto besser. Dieses Verfahren wird am deutlichsten in der tantrischen Tradition, in der sinnliche, emotionale und psychologische Komponenten in einer rituellen Praxis verwoben werden. Die entgegengesetzte Strategie, »alles ausschalten«, ist ebenfalls ein wichtiges Prinzip. Sie ist die grundlegende Strategie für die asketische Praxis. Alles Erstrebenswerte soll dabei geopfert werden.

3. Reduziere alles auf einen Punkt. In dieser Strategie wird jede Erfahrung auf ihren Anfangspunkt zurückgeführt. Nichts bleibt - außer der Leere, aus der der Punkt selbst gekommen ist. Man kann das treffend anhand des heiligen Schaubildes eines Mandalas illustrieren, in dem die Gesamtheit der Erfahrung aus dem Bindu-Punkt in der Mitte erzeugt wird. Wenn man dabei die Fließrichtung umkehren und alle Manifestationen auf einen Punkt reduzieren kann, ist man für einen Moment frei. Sobald sich das Bild wieder manifestiert, hat man eine neue Erfahrung.

4. Unterscheide zwischen dem gegenwärtigen Zustand, und seinem Potential zur Transformation. Dieses Prinzip liegt allen alchimistischen Prozessen zu Grunde. Lediglich die Eigenschaften von etwas festzustellen, ist eine rein beschreibende Tätigkeit. Das Potential dieser Eigenschaften zu nutzen, eröffnet hingegen neue Möglichkeiten, sei es in der chemischen Struktur des organischen Körpers oder in den Energien des feinstofflichen Körpers. Insgesamt gesehen betont der Hinduismus den beschreibenden Aspekt, während der tantrische Buddhismus sich auf das transformatorische Potential konzentriert. Der Hindu fragt, welches Element mit einem Chakra in Verbindung gebracht wird, während der Buddhist wahrscheinlich erforscht, was passiert, wenn man ein anderes Element in dasselbe Chakra einführt.

5. Achte auf Parallelen, die normalerweise übersehen werden. Dies ist eine Strategie systemübergreifender Forschungen. Zum Beispiel sprechen Buddhisten von »Bindus« und Taoisten von »Kristallen«. Eine vergleichende Analyse zeigt, daß beide dasselbe meinen, komprimierte, höhere Energie. Als weiteres Beispiel gibt es sowohl im tantrischen Hinduismus wie im Buddhismus die vierundsechzig »Weisheits-Dakinis« (Dakinis der Verwandlung), die den vierundsechzig Zeichen des I-Ging entsprechen. Schließlich beinhalten Praktiken wie die Selbstbefruchtung im Taoismus und die Vier Glückseligkeiten im Mahamudra-Buddhismus gleichermaßen ein Element der inneren Erfüllung, obwohl ihre äußeren Ziele keineswegs dieselben sind.

6. Baue großen Druck auf und sorge für seine plötzliche Entladung. Dieses Prinzip wurde von Johannes dem Täufer angewendet, der die Person, die getauft werden sollte, unter Wasser hielt, bis sie nach Luft rang. Wenn sie dann erlöst wurde und für gerettet erklärt werden konnte, fand dadurch, daß sie wieder atmen konnte, eine große psychologische Veränderung statt, die das Erlebnis enorm verstärkte. In der Meditation und in Zen Koans wird dasselbe Prinzip eingesetzt.

7. Identifiziere dich mit einem höheren Wesen. Dieses Prinzip ist entweder unterschwellig oder völlig offen Bestandteil der meisten religiösen Praktiken. Man kann sagen, daß der Sinn der spirituellen Arbeit darin besteht, einen Kontakt zwischen dem Menschen und einem Wesen einer höheren Natur herzustellen. Durch diesen Kontakt wird der Mensch allmählich oder auch plötzlich verändert. In der katholischen Messe wird diese Strategie eingesetzt, ebenso im Schamanismus, in gewisser Weise bei jeder Art Mitgliedschaft in einer religiösen Gemeinschaft. Ohne die Nutzung dieses Prinzips gäbe es keine Religion.

8. Werde zeitweise selbst zu einem höheren Wesen. In einigen Traditionen würde man dieses Verfahren geradezu als Gotteslästerung ansehen. In anderen scheint es völlig normal. Das tibetische Orakel zielt klar darauf ab, für eine gewisse Zeit zu einer Gottheit zu werden, um die Zukunft vorauszusehen. Dasselbe taten die Priester und Priesterinnen verschiedener heidnischer Kulte. Heilige erlangen oft die Identität einer höheren religiösen Wesenheit, die sich dann in Phänomenen wie Stigmatisierung äußern kann. In den östlichen Religionen legen es viele Traditionen bewußt darauf an, die Gottheit als lebendige Wesenheit herbeizurufen und zu visualisieren, damit der Verehrende sich mit ihr vereinigen und auf diese Weise ihre besonderen Eigenschaften und Kräfte zu eigen machen kann.

9. Gebrauche in der Praxis alle drei Körper. Das schließt eine Form spiritueller Entwicklung ein, die Gewahrsein, bewußten Energiefluß und höhere Wesensqualitäten vereint. Ein interessantes Beispiel für eine solche Praxis ist die »Verschmelzung der fünf Elemente«, die im zweiten Teil ausführlich beschrieben wird.

10. Erschaffe dein ideales Selbst. Diese Strategie ist ähnlich der Identifikation mit einer Gottheit, nur in diesem Fall konzentriert man sich auf die vollkommene Vision des eigenen Wesens. Kein religiöser Glaube ist dabei notwendig. Wenn man das ideale Selbst beständig visualisiert, wird es beginnen, ein Eigenleben zu entfalten. Dies ist eine typisch taoistische Alternative zur Konzentration auf eine Gottheit.

11. Handle so, wie du gern sein würdest, oder sei so, wie du gern handeln würdest. Die erste der beiden Alternativen ist typisch westlich. Wenn du handelst, als hättest du Selbstvertrauen, wirst du Selbstvertrauen entwickeln. Die zweite Alternative ist typisch östlich. Wenn du dir vorstellst, du bist ein Löwe (der von Natur aus ein enormes Selbstvertrauen hat), dann wird dir mühelos ein Wesen zuteil, das vor Selbstvertrauen strotzt. Beide Verfahren sind wirksam und werden in verschiedenen Variationen von verschiedenen Methoden eingesetzt. Und, was aus der Perspektive des Praktizierenden am wichtigsten ist, wenn die erste Alternative nicht funktioniert, dann tut es vielleicht die zweite.

12. Entdecke, wie verschiedene Traditionen einander ergänzen. Entsprechend der Geschichte von den blinden Weisen und dem Elefanten können sich verschiedene Verfahren gegenseitig ergänzen, um gemeinsam ein vollständigeres Bild als jedes für sich allein zu entwickeln. Dieses Prinzip ist besonders schwierig anzuwenden, denn es liegt in der Natur der Anhänger einer bestimmten Richtung, daß sie durch ihre Verhaftung in einer bestimmten Tradition für andere Einflüsse blind sind. Es ist jedoch möglich und immer wieder faszinierend, wenn ein fehlendes Bindeglied ein Ganzes vervollständigen kann.

Die Tummo-Atmung wird im tantrischen Buddhismus zum Beispiel normalerweise so beschrieben: Man atmet in den Bauch ein und läßt die Bauchdecke rotieren, um die verschiedenen Energien zu vermischen. Wenn man diesen Prozeß mit der Praxis des »Packens«[4] in der Übung des »eisernen Hemdes« aus dem Taoismus kombiniert, dann wird die Wirkung dramatisch gesteigert. Die Kombination ist jedoch in keiner der beiden Traditionen zu finden. Sie muß im Experiment entdeckt werden. Das birgt jedoch immer ein gewisses Risiko in sich, durch die Vermischung der Methoden eine Praxis zu »kontaminieren«.

13. Dehne eine negative Erfahrung bis zur Unendlichkeit aus, und sie wird gänzlich verschwinden. Ein einfaches Beispiel für diese Praxis kannst du nachvollziehen, indem du dich auf deine eigene Wut konzentrierst und sie sich so weit ausdehnen läßt, bis sie das ganze Universum füllt. Sie wird sich in diesem Prozeß verwandeln und aus einer unmittelbaren destruktiven Reaktion zu einem universalen Phänomen werden, in dem der ursprüngliche Grund deines Ärgers wie ein Tropfen im Meer verschwindet. Es ist möglich, dies mit jeder Art negativer Erfahrung zu tun und die negative Energie in diesem Prozeß zu neutralisieren.

14. Mach dir äußere Ordnungsprinzipien nutzbar. Dies ist das Prinzip, das allen heiligen architektonischen Symbolen und Entwürfen zugrundeliegt. Es ist so fundamental, daß man es leicht übersieht. Alles, was man tut, kann man verstärken, indem man die räumlichen Elemente so arrangiert, daß sie die maximale Wirkung erzielen. Man kann dieses Prinzip an der Gestaltung von Kirchen oder Theatern ablesen. Es ist immer möglich, zu räumlichen Arrangements zu gelangen, in der die Resonanz der Phänomene, die der Raum enthält, dramatisch verstärkt wird.

15. Einer Tradition folgen oder spontan handeln? Normalerweise hält man sich in den frühen und mittleren Stadien einer Praxis sehr eng an die Tradition, in der man sich befindet. Erst auf den fortgeschrittenen Stufen, nachdem eine solide Basis gelegt worden ist, kommt Spontaneität und freie innere Entwicklung des eigenen Erlebens zum Tragen, eine Tendenz, die man besonders deutlich im tibetischen Buddhismus sehen kann.

16. Sieh das Chakra als ein eigenes Universum. Diese Orientierung kann man deutlich im hinduistischen und buddhistischen Umgang mit den Chakren sehen. Die Erkenntnis, daß jedes Chakra so etwas wie eine eigenständige Wesenheit ist, erlaubt es uns, mit größerer Aufmerksamkeit und Sensibilität vorzugehen und den universalen Aspekt zu würdigen, den es in seiner mikrokosmischen Form zum Ausdruck bringt.

17. Alle Energie fließt entweder in einer geraden Linie, im Kreis, in einer Spirale oder sie strahlt von einem Punkt aus nach außen. Vielleicht gibt es einige Ausnahmen von dieser Regel, aber in diesem einen Satz sind offenbar sämtliche elementaren Möglichkeiten enthalten. Davon ausgehend kann man bei der Erforschung der Praktiken des feinstofflichen Körpers, die ihm am nächsten liegen, neue Alternativen ausfindig machen. So könnte sich zum Beispiel eine Übung damit beschäftigen, Energie zwischen zwei Chakren in einer geraden Linie fließen zu lassen. Oder die Energie könnte sich, anstatt in einer geraden Linie, spiralförmig bewegen, bzw. sich drehen und dabei an Schwung gewinnen. Schließlich könnte sie sich, wie in einem Mandala, von einem Punkt ausgehend, strahlenförmig in alle Richtungen ausbreiten. In diesem Fall stellt der Punkt die Verbindung zwischen der Dynamik eines Energie-Körpers und den Eigenschaften eines kosmischen Körpers her, die sich überall gleichzeitig verwirklichen.

Es könnten noch viele andere Beispiele für mystische Strategien aufgezählt werden, die genannten reichen aber aus, um Möglichkeiten verschiedener Verfahrensweisen anzudeuten.

Die Alchimie im Osten und im Westen

Die Analyse des feinstofflichen Körpers kann erst global und vollständig verstanden werden, wenn man sie in den Zusammenhang mit der östlichen und westlichen Alchimie stellt. Im Hinduismus beinhaltet das Konzept der inneren Transformation durch den Gebrauch von drei oder mehr Körpern die detaillierte Beschreibung der Prozesse des feinstofflichen Körpers. Es ist nicht immer klar erkennbar, ob diese Körper mit dem Individuum geboren werden oder nicht, aber ihre Notwendigkeit für bestimmte Phasen der spirituellen Entwicklung ist offensichtlich.

Darüber hinaus stellt das grundlegende Konzept des Kundalini als Prozeß der progressiven Verfeinerung der Manifestationen natürlicher Energie im wesentlichen einen alchimistischen Vorgang dar. In diesem Prozeß bauen auf organische Weise mehrere Stufen aufeinander auf, die schließlich im Lotos-Chakra gipfeln, in dem sich die weibliche schöpferische Energie der Kundalini mit der männlichen Energie Shivas vereinigt und beide gemeinsam den Grundstein für alle höheren Ebenen der Schöpfung bilden.

Differenzen zwischen der buddhistischen und der hinduistischen Alchimie sind zwar für Praktizierende beider Richtungen von Bedeutung, aber von außen oft nicht leicht zu verstehen. Das meiste, was wir heute über die Praxis des buddhistischen Tantra wissen, wurde uns erst vor relativ kurzer Zeit durch Arbeiten wie

Clear Light of Bliss[5] zugänglich gemacht. Die regelmäßige Aufeinanderfolge der Stufen der höheren Entwicklung wird dort sehr systematisch als eine Serie von Reinigungen und Transformationen existierender Energien und innerer Strukturen dargelegt.

Im Taoismus besteht nach einleitender Reinigung und weiterführender Arbeit mit den Energiekanälen die Hauptarbeit in einer Art innerer Alchimie, die eine Seele ins Leben ruft. Die Seele wiederum dient als »Babysitter« für die endgültige Erschaffung des Geist-Körpers. In der taoistischen Alchimie existieren die höheren Körper nicht von Anfang an. Sie müssen durch eine Art innere Begattung gebildet werden. Während die Erschaffung nur einen Moment in Anspruch nimmt, der Befruchtung einer menschlichen Eizelle vergleichbar, ist der Reifungsprozeß des neuen Organismus eine Angelegenheit von Jahrzehnten. Im Gegensatz zum menschlichen Reifungsprozeß kann dieses Wachstum höherer Körper nur in bewußter Absicht und durch fortgesetzte Aufmerksamkeit stattfinden. Die Taoisten sehen anscheinend im Ablauf der mystischen Entwicklung der Seele und des Geistwesens eine präzise Analogie zum biologischen Fortpflanzungs- und Reifungsprozeß beim Menschen.

Einen Einblick in die eigenwillige Mixtur aus Alltäglichem und Mysteriösem, die uns im Taoismus begegnet, kann in Charles Luks *Taoist Yoga*[6] (Taoistisches Yoga) gefunden werden. Es enthält eine große Menge von Informationen über die transformatorischen Aspekte der taoistischen Praxis, aber kann dennoch nicht mehr leisten, als die Oberfläche dessen anzukratzen, was in der fast eintausendzweihundert Bände umfassenden Bibliothek der taoistischen Klassiker darauf wartet, erschlossen zu werden.

Im Vergleich zum hinduistischen und buddhistischen Tantra mutet die Betrachtungsweise des taoistischen Yoga manchmal etwas einfacher und archaischer an. Die Betonung liegt nicht auf dem Mitgefühl für alle Wesen oder der Identifikation mit dem

Pantheon der Götter, obwohl auch in der taoistischen Religion eine Vielzahl von Göttern ihren Platz hat. Das Tao ist vielmehr das der Schöpfung innewohnende schöpferische Prinzip, das nicht mit Namen belegt werden kann, sondern dem man sich nur durch die Transformation und den Ausgleich der Kräfte, die in jedem einzelnen wirken, nähern kann. Der Taoist strebt danach, einen unsterblichen Körper zu erschaffen, der ihm dazu dienen kann, sich überall innerhalb des bekannten wie des unbekannten Universums zu manifestieren. In gewissem Sinn ist dies ein höchst individueller Ansatz, der nicht das gewöhnliche Selbst vernichten, sondern es über seine bekannten Grenzen hinaus in einem endlosen Prozeß der Selbstentwicklung transformieren und erweitern will.

Die Alchimie hat im Westen eine lange, wenngleich oft mißverstandene Tradition. Rein äußerlich erschien die Alchimie als ein vorwissenschaftlicher, teils magischer Versuch, unedle Metalle, wie Blei, in Gold zu verwandeln - etwas, das wir erst jetzt, im Zeitalter der Kernspaltung, zu tun gelernt haben.

Abb. 45: Die alchimistische Vereinigung

Abb. 45: Die alchimistische Vereinigung (Fortsetzung)

Im Mittelalter, als die Strenge des Glaubens mit der Strenge der Strafen für Häresien und Abweichungen vom Glauben konkurrierte, nutzten die Alchimisten die geschützte Atmosphäre ihres Laboratoriums zur Entwicklung eines Prozesses der Transformation, mit einer erstaunlich ähnlichen Zielsetzung wie die ihrer Kollegen im Osten, die sich ebenfalls mit spiritueller Alchimie beschäftigten. Unedle Metalle repräsentierten die natürliche Energie, wie sie im Basis-Chakra vorzufinden ist. Gold war das Endergebnis des inneren Transformationsprozesses, das in den Darstellungen der leuchtenden Aura heiliger Gestalten wörtlich

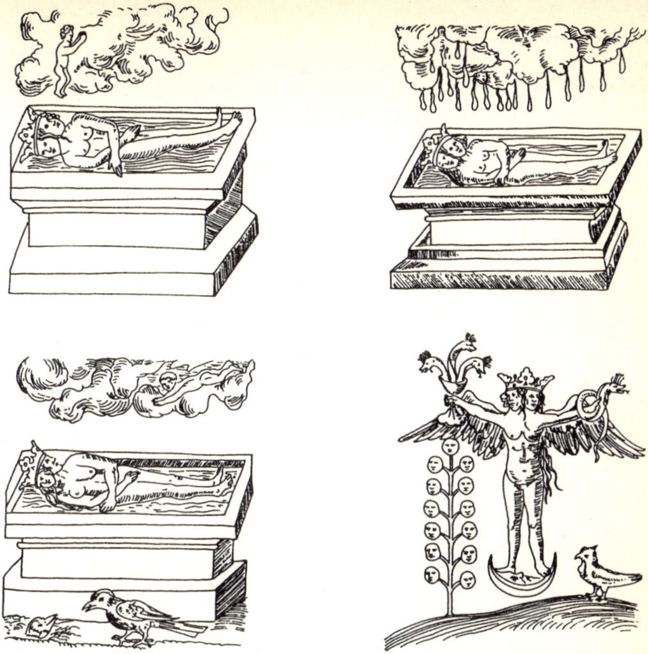

Abb. 45: Die alchimistische Vereinigung (Fortsetzung)

umgesetzt wurde. Dieser Prozeß konnte nur durch unendliche Geduld erfolgreich sein. Gelegentlich wurde er in einer Serie von Zeichnungen dargestellt. C. G. Jung[7] stellt einige Beispiele solcher Zeichnungen in seiner Erläuterung der psychologischen Aspekte der Alchimie vor. Die verschiedenen Serien sind zwar alle etwas unterschiedlich, aber der Prozeß, der ihnen zugrundeliegt, ist ähnlich. In einer dieser Serien wird ein Paar gezeigt, das sich einander zuwendet und bei den Händen hält. Im nächsten Bild verschwindet ihre Kleidung. Symbole erscheinen in ihren Händen. Dann sitzen sie gemeinsam in einem Badezuber (Retorte der Transformation). Anschließend legen sie sich zusammen hin und werden buchstäblich zu einem Körper, während sich ein Kind aus dem Bade erhebt und in den Wolken verschwindet. Sie warten, aber sind nicht in der Lage, in ihren früheren, getrennten Zustand zurückzukehren. Schließlich taucht das Kind wieder auf. Im letzten Bild erhebt sich, auf dem Mond stehend, ein Geschöpf mit zwei Köpfen als neue Schöpfung, umgeben vom Baum des Lebens, Schlangen und einem Vogel.

Es ist klar, daß hier ein westlicher tantrischer Ansatz gezeigt wurd, eine Vereinigung des Männlichen mit dem Weiblichen, die ein neues Wesen entstehen läßt. Die Alchimie findet in einer Retorte in Form eines energetischen Umwandlungsprozesses statt. Die Chakren als solche werden zwar nicht im einzelnen hervorgehoben, aber es ist klar ersichtlich, daß die neu erschaffenen Körper auf der Ebene von Energie- und Raumkörpern lebendig werden.

Schlußfolgerungen

Wir können alles Vorangegangene in wenigen Sätzen zusammenfassen. Fortgeschrittene spirituelle Entwicklung hängt von der Kultivierung höherer Körper ab. Der feinstoffliche Körper ist in diesem Prozeß das wesentliche Bindeglied. Implizit oder explizit wird immer verdeutlicht, daß die innere Evolution des einzelnen Menschen die Krönung der religiösen und mystischen Erfahrung ist. In diesem Zusammenhang ist der feinstoffliche Körper keine nutzlose Kuriosität, sondern ein wesentlicher Schritt innerhalb des spirituellen Entwicklungsprozesses.

Zweiter Teil

Die Erweckung des feinstofflichen Körpers

Die Erweckung des feinstofflichen Körpers

Der zweite Teil enthält eine Reihe praktischer Übungen, die man anwenden kann, um seinen feinstofflichen Körper zu erwecken und zu kultivieren. Anhand dieser Methoden kannst du den Wahrheitsgehalt des im ersten Teils vorgestellten Materials anhand der unmittelbaren eigenen Erfahrung nachprüfen.

Unter traditionellen Bedingungen begegnet ein Mensch den Methoden zur Arbeit am feinstofflichen Körper nur im Kontext einer bestimmten Lehre. In einem solchen traditionellen Ansatz spielt jedoch noch eine ganze Reihe anderer Faktoren eine Rolle: die Persönlichkeit des Lehrers, seine Ausbildung, die Einstellung seiner Schüler, die Notwendigkeit des Glaubens usw. Was auch immer geschieht, um diese Faktoren brauchst du dich in unserem Zusammenhang nicht zu kümmern.

Auf der anderen Seite ist ein wesentliches Element jeder Lehre der Akt der Vermittlung. Es ist wichtig, die Lehre von jemandem zu erhalten, der sie bereits gemeistert hat, und der sie verkörpert. Wenn das der Fall ist, wird nicht nur ein Verständnis der Lehre vermittelt, sondern gleichzeitig eine besondere energetische Qualität, die für die Saat, die der Lehrer legt, wie ein kosmischer Dünger wirkt. Die Autoren dieses Buches stellen zwar ausschließlich Material vor, mit dem sie selbst gründlich vertraut sind, aber es ist unmöglich, eine vollständige Übertragung vom Lehrer zum Schüler in Gestalt eines Massenmediums, wie es dieses Buch darstellt, zu erreichen.

Zu einem späteren Zeitpunkt kann sich das zu einer entscheidenden Frage entwickeln, aber wir glauben, daß wir uns im Moment darüber noch keine Sorgen machen müssen. Die vorgestellten Methoden können von jedem, der sich für sie interessiert, erprobt werden, und sie können, wenn sie genau nach Vorschrift durchgeführt werden, nützliche Ergebnisse hervorbringen. Das soll fürs erste genügen. Wenn das erreicht ist, wird anschließend ausreichend Gelegenheit sein, zu entscheiden, welchen Lehrer oder welche Lehre du weiter verfolgen möchtest - falls du das überhaupt anstrebst.

Wie du jetzt weiter vorgehen möchtest, liegt ganz an dir. Wenn du nur ein oberflächliches Interesse an der Materie hast, solltest du dir darüber im klaren sein, daß von deinem weiteren Vorgehen einiges abhängen kann. Der feinstoffliche Körper kann das fehlende Bindeglied deiner spirituellen Entwicklung sein. Sicher gibt es eine Vielzahl verschiedener Ansätze, aber an der Realität des feinstofflichen Körpers und seiner Bedeutung im Rahmen der Entwicklung einer Form innerer Alchimie kommst du ebensowenig vorbei, wie du ohne Magen dein Essen verdauen kannst.

Je mehr du deine Wünsche und Bedürfnisse bezüglich der Entwicklung deines feinstofflichen Körpers in Verbindung mit deinen gegenwärtigen Lebensumständen bringen kannst, desto größer wird natürlich auch deine Motivation sein. Eine rein experimentelle Einstellung ist sicher nicht falsch (in mancher Hinsicht sogar ideal), es ist jedoch unerläßlich, daß du dein inneres Potential und den Prozeß seiner Entfaltung wirklich ernst nimmst. Warum solltest du sonst überhaupt etwas derartiges ausprobieren wollen? Die beste Möglichkeit anzufangen besteht deswegen darin, daß du etwas in dir selbst findest, dem es um wirkliches Wissen geht, etwas, das seine Erfahrungen machen und sich entwickeln will. Es gibt diese Instanz in dir, sonst hättest du dieses Buch schon längst beiseitegelegt, nur ist sie die meiste Zeit nicht auf der Bühne deines Lebens präsent. Der Moment wird kommen, an dem du sie brauchen wirst, denn die Energie, die sie enthält, wird dir dabei helfen, die Übungen zu einem Grad zu nutzen, der dein Leben wirklich verändern kann.

Die Situation, in der du dich befindest, ist ähnlich der eines Schauspielers, der auf der Bühne seine Rolle probt und dabei ständig vom Regisseur unterbrochen wird: »Nochmal von vorne, aber mit Gefühl!«, bis schließlich ihr beide, Schauspieler und Regisseur, wirklich glaubt, was in dem Stück gesagt wird. In diesem Fall bist du Publikum, Regisseur und Schauspieler, alles in einer Person. Und die Entscheidung, die ansteht, liegt ganz in deiner Hand. Blindes Vertrauen in irgendeine der dargestellten Methoden ist nicht erforderlich. Alles, was du mußt, ist offen und neugierig sein und ein wirkliches Bedürfnis nach einem tieferen Verständnis deiner eigenen Natur haben.

Die vorgestellten Methoden sind aus verschiedenen Traditionen, alten und neuen, ausgewählt worden. Sie sind von den Autoren auf die Probe gestellt und für effektiv befunden worden. Es steht im Einklang mit dem Geist dieses Buches, daß wir ein breites Spektrum praktischer Übungen ausgewählt haben, um dem Leser möglichst viele alternative Ansätze zu bieten. In jedem Fall haben wir uns bei der Vorstellung der Methode bemüht, einige Dinge zu beherzigen: Schritt für Schritt zu beschreiben, wie die Methode angewandt wird, wobei wir, wann immer es nützlich erschien, Abbildungen zu Hilfe genommen haben; zu erörtern, wann es angebracht ist, die Übungen durchzuführen, und was sie bewirken sollen; besondere Schwierigkeiten, die auftreten können, zu beschreiben sowie spezifische Strategien, die den beschriebenen Methoden zugrundeliegen, zu untersuchen. Indem der Leser von diesem multidimensionalen Ansatz Gebrauch macht, kann er nicht nur die praktische Übung erlernen, sondern er versteht gleichzeitig, warum und wie er sie durchführt. Die Methoden sind nach den ihnen zugrundeliegenden Zielen geordnet: Läuterung des feinstofflichen Körpers, Öffnung der Chakren,

Stärkung des Energieflusses und Gebrauch der interpersonellen Aspekte. Die Übungen sind außerdem in drei Schwierigkeitsgrade geordnet. Sei bescheiden! Beginne mit den einführenden Übungen, ganz gleich, was du bisher schon für Erfahrungen gemacht hast. Geh erst zu den weiterführenden Übungen weiter, wenn du sicher sein kannst, daß du aus den einführenden Übungen einen Nutzen ziehen konntest. Deine eigenen Erfahrungen werden dir zeigen, wie du vorzugehen hast. Sie werden dir sagen, was du wissen mußt, und dir allmählich ermöglichen, die Realität und die Bedeutung des feinstofflichen Körpers in deiner eigenen inneren Entwicklung zu spüren. Erst dann und *nur* dann kannst du anfangen zu entscheiden, welchen Pfad du langfristig in der Entwicklung deines Bewußtseins nehmen solltest.

Einführende Übungen

Reinigung

Das innere Lächeln

Diese Reinigungsübung stammt aus taoistischen Quellen[1]. Sie ist außerordentlich einfach, aber ihre Wirkung tritt sofort ein, wenn sie richtig durchgeführt wird. Wie jede Reinigungsübung kann sie sowohl zur Vorbereitung einer Phase innerer Arbeit vorgenommen werden, wie auch immer dann, wenn im Laufe des Tages das Bedürfnis nach innerer Reinigung entsteht. Sie erfordert keine besonderen Umstände und kann unabhängig von einem taoistischen Kontext genutzt werden. Es gibt im Zusammenhang mit der Übung keine besonderen Vorsichtsmaßnahmen oder sonstige Schwierigkeiten, die beachtet werden müßten. Es ist lediglich die Frage, wieviel Zeit und Energie du investieren möchtest. Die Wirkung wird selbstverständlich mit der aufgewendeten Zeit variieren, aber nicht unbedingt direkt proportional. Wenn die Übung während eines intensiven alltäglichen Ereignisses vorgenommen wird, kann sie innerhalb einer einzigen Minute auf erstaunliche Weise deinen inneren Zustand zum Besseren wenden.

Die Übung basiert auf der positiven Energie, die Menschen zum Ausdruck bringen, wenn sie spontan lächeln. Du beginnst am besten, indem du ein solches Lächeln erlebst, vielleicht ausgelöst durch eine entsprechende Erinnerung oder weil du etwas Erfreuliches siehst, oder du lächelst einfach, weil du dich gut fühlst, und konzentrierst dich auf die Energie, die mit diesem Lächeln in Verbindung steht. Es ist eine glückliche, heilende Energie. Der Hauptzweck dieser Übung ist es, diese Energie zu erzeugen, sich

Abb. 46: Das innere Lächeln

mit ihr zu identifizieren und sie dann im ganzen Körper zu verbreiten. Wenn dir das gelingt, dann fällt alle Traurigkeit von dir ab, und vollkommene Entspannung verdrängt vorhandene innere Verspannungen.

Ein typischer Ablauf dieser Übung könnte folgendermaßen aussehen:

1. Identifiziere die Energie durch ein spontanes Lächeln.
2. Erweitere die Energie auf das linke Auge, das rechte Auge,
3. das linke Ohr, das rechte Ohr,
4. die Zunge,
5. die Stimmbänder,
6. den linken Lungenflügel, den rechten Lungenflügel,
7. das Herz,
8. den ganzen Körper, der das innere Lächeln fühlt und zum Ausdruck bringt.

Laß dir für jeden Schritt genug Zeit. Es gibt keinen zeitlichen Rahmen, in dem du die Übung beendet haben mußt. Geh erst zum nächsten Schritt über, wenn du wirklich die lächelnde Energie des vorangegangenen gespürt hast. Je weniger entspannt du bist, desto mehr brauchst du diese Übung. Laß dich also nicht entmutigen, wenn du in einem Moment, in dem du viel um die Ohren hast, das Gefühl nicht spürst.

Das Endziel besteht darin, zu fühlen, wie dein gesamter Körper lächelt, jedes Organ, jeder Knochen, jeder Nerv und jede Zelle. Am besten erreichst du dieses Ziel in kleinen, systematischen Schritten. Eine Vielzahl verschiedener Reihenfolgen ist möglich. Du kannst in verschiedenen Knochen, Blutgefäßen, Drüsen oder Körperteilen (z. B. jedes Gelenk eines bestimmten Fingers, eines nach dem anderen) lächeln. Wie auch immer du vorgehst, dein inneres Lächeln wird den jeweiligen Teil von dir sich schlagartig besser fühlen lassen, sobald du die Taubheit und Negativität, die dort geherrscht hat, vielleicht ohne es zu wissen, durch positive heilende Energie ersetzt.

Eine traditionelle taoistische Reihenfolge für die Übung des Inneren Lächelns ist:

Stirn, Nase, Wangen, Mund, Genick, Hals, Schilddrüse, Herz, Lunge, Leber, Nieren, Bauchspeicheldrüse, Milz, Unterbauch, Genitalien und schließlich die Augen. Der Prozeß sollte sich als Fluß einer körperlichen Empfindung von einer Zone zur nächsten entfalten, nicht als Serie mechanischer Wechsel. Er sollte sich völlig natürlich anfühlen.

Die Strategie, die diesem Ansatz zugrundeliegt, ist deine Konzentration auf eine positive Energie. Indem du anschließend systematisch deine Aufmerksamkeit wandern läßt, kannst du diese Energie verbreiten, so als ob du ein Streichholz an verschiedene Stellen eines Haufens von trockenem Brennmaterial hältst.

Wenn du dann einmal deutlich gespürt hast, wie sich auf diese Weise die Energie in dir ausbreitet, dann fragst du dich vielleicht, warum wir das nicht alle tun, und zwar ununterbrochen. Es ist, als fühlten wir uns absichtlich schlecht. Entweder wir mögen uns selbst nicht genug, oder es ist zu anstrengend.

Die Öffnung der Chakren

Aufmerksamkeit und bewußte Atmung[2]

Die meisten Menschen verfügen über geschlossene Chakren. Besondere Umstände oder ungewöhnliche Anstrengungen sind erforderlich, um sie zu öffnen, selbst wenn es sich, falls es dann doch geschieht, vollkommen natürlich anfühlt. Die folgende Übung ist eigens dazu geschaffen, den Prozeß der Öffnung der

Chakren in Gang zu setzen. Sie besteht aus zwei Teilen, die sich organisch zueinander fügen, nachdem jeder der beiden Teile getrennt durchgeführt wurde.

Die erste Stufe beinhaltet die Konzentration der Aufmerksamkeit, ein Vorgang, der besonders im Hinayana-Buddhismus stark betont wird. Vielleicht liegt die grundlegende Freiheit eines jeden Menschen darin, daß er selbst entscheiden kann, wohin er seine Aufmerksamkeit legt. Gleich, ob sie ins Innere auf eine bestimmte Empfindung oder auf einen imaginären Ort, der nur in der Phantasie existiert, gelegt wird, die Wirkung der Konzentration von Aufmerksamkeit besteht immer in der Sammlung von Energie auf einem bestimmten Punkt.

Ein Chakra ist wie eine Knospe. Es braucht Energie, um sich zu öffnen. Die Aufmerksamkeit kann als Mittel eingesetzt werden, um Energie auf einem gewünschten Punkt zu konzentrieren. In unserem Fall kann, wenn die Aufmerksamkeit auf den Ort eines Chakras gelegt und dort auf entspannte Weise für dreißig bis sechzig Sekunden festgehalten wird, ein Chakra beginnen, sich zu regen.

Als einführendes Experiment versuche das folgende: Lokalisiere die ungefähre Position des Ajna-Chakras (des Dritten Auges). Es befindet sich etwa zwei Fingerbreit über der Nasenwurzel. Berühre den Punkt mit deinem Zeigefinger, um anzufangen, deine Aufmerksamkeit auf diese Stelle zu ziehen. Dann konzentriere für dreißig Sekunden deine Aufmerksamkeit dort. Laß dich durch nichts ablenken, aber bleibe gleichzeitig innerlich ruhig. Mach eine kurze Pause und sieh, ob sich irgendeine Wirkung zeigt. Fühlt sich die Stelle anders an? Fühlst du ein Pulsieren, ein Zucken, Wärme oder ein Zittern, oder ist überhaupt nichts passiert? Versuche nicht, irgendeine Erfahrung vorwegzunehmen. Du kannst wirklich nicht wissen, was du fühlen wirst. Akzeptiere einfach alle Empfindungen, die auftreten, ohne zu

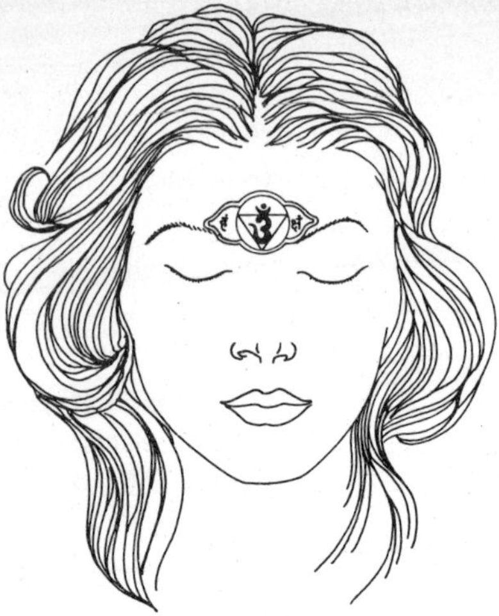

Abb. 47: Das Ajna-Chakra

übertreiben oder etwas zu übersehen. Wenn du etwas fühlst, wiederhole das Experiment noch einmal für dreißig Sekunden. Wie fühlst du dich dann? Erwarte nichts Außergewöhnliches. Wenn sich eine Knospe öffnet, ist das eine ganz zarte Erfahrung.

Normalerweise ist es effektiver, eine kurze, konzentrierte Phase lang zu arbeiten, dann die Wirkung zu beobachten und schließlich den Prozeß zu wiederholen. Wenn das Erfolg hat, solltest du die Übung auf fünf Minuten verlängern. Aufmerksamkeit ist ein Werkzeug. Sie konzentriert Energie, wo sie gebraucht wird, und verstärkt gleichzeitig deine Empfindung in dem Bereich, in dem sie gesammelt wird. Was auch immer du erlebst, der Sinn dieser Übung ist es, Energie auf ein Chakra zu lenken, damit es beginnen kann, sich zu regen und schließlich Blatt für Blatt zu entfalten.

Den zweiten Teil der Übung können wir »bewußtes Atmen« nennen. Diese Form des Atmens ist mit dem Pranayama verwandt. Im Gegensatz zu den künstlichen Atemformen, die die Yoga-Methoden kennzeichnen, ist sie jedoch eher eine gewöhnliche Atmung, die Empfinden, Fühlen und Verstehen mit bewußtem Handeln integriert, um die Energie, die aus der umgebenden Atmosphäre gewonnen werden kann, zu intensivieren und zu erhöhen.

Beginne, indem du durch die Nase einatmest, als würdest du an einer Rose riechen - mit Freude, Bewußtsein und Verständnis für deinen Wunsch und dein Bedürfnis, die Energie des Geruches der Rose und die Inhaltsstoffe der Luft in dich aufzunehmen. Halte für einen Moment deinen Atem, so als würdest du die Blume eines besonderen Weines genießen, entspanne dich und laß die Empfindung durch deinen Körper strömen. Dann laß deinen Atem gehen und gib gleichzeitig alle negativen Emotionen und Verspannungen preis, damit sie mit deinem Atem aus dem Körper abfließen können. Mach eine Pause, bis sich das physiologische und psychologische Bedürfnis einstellt, den Zyklus wieder von vorn beginnen zu lassen. Versuche es ein paarmal, bis sich der ganze Prozeß völlig natürlich anfühlt.

Diese Form der bewußten Atmung kann als Prozeß der Energiesammlung und Reinigung eingesetzt werden, wobei jeder vollständige Atemzyklus einen deutlichen Schritt auf einen verbesserten inneren Zustand hin bedeutet. Die Übung kann kombiniert werden mit der Konzentration der Aufmerksamkeit auf eine Chakra-Knospe, wodurch der Prozeß noch verstärkt wird. Wenn der Vorgang einmal klar ist, kannst du beginnen, die Übungen zu kombinieren.

Als erstes konzentriere dich auf die Stelle, auf die die

Energie gerichtet werden soll, wobei du das Dritte Auge als Ausgangspunkt nimmst. Wenn du deine Aufmerksamkeit klar auf diesen Punkt gerichtet hast, beginne mit der bewußten Atmung. Die meiste Energie, die mit deinem Atem eingezogen wird, wird sich im Brennpunkt deiner Aufmerksamkeit konzentrieren. Während du deinen Atem anhältst und dich entspannst, wird die Energie die Möglichkeit haben, ihren Wirkungsbereich zu erweitern und tiefer vorzudringen. Wenn du deinen Atem losläßt, können die verschiedenen Blockaden und Widerstände abfließen und damit deiner Energie einen breiteren Spielraum einräumen. Halte nach ein paar Atemzügen an, achte auf den Effekt und beginne von vorn.

Diese Übung ist völlig ungefährlich. Das Wichtigste ist, daß du dir jedes Schrittes, den du unternimmst, bewußt bist, und nicht vergißt, was du erreichen wolltest - die Öffnung des Chakras.

Das Zirkulieren des Energieflusses

Die Doppelatmung[3]

Diese Übung ähnelt der Tummo-Atmung im tibetischen Buddhismus, sie wurde jedoch von einem amerikanischen Yogi, Swami Rudrananda, entdeckt. Der Sinn der Übung besteht darin, einen abwärtsgerichteten Energiefluß entlang der Mittellinie des Körpers zu bilden, mit Schwerpunkt auf dem Funktionieren des Herz- und Nabel-Chakras. Diese Übung schließt sich ganz natürlich an die vorangegangene an. Wenn der Gebrauch von Aufmerksamkeit und bewußter Atmung begonnen hat, ein Chakra zu öffnen, wird die Doppelatmung den Prozeß auf natürliche Weise verstärken.

Die grundlegende Funktion der Doppelatmung ist, durch das Aufstocken eines Atemzuges auf den nächsten, eine besondere

Atme ein, zähle bis zehn
und halte dabei den Atem
im Herz-Zentrum

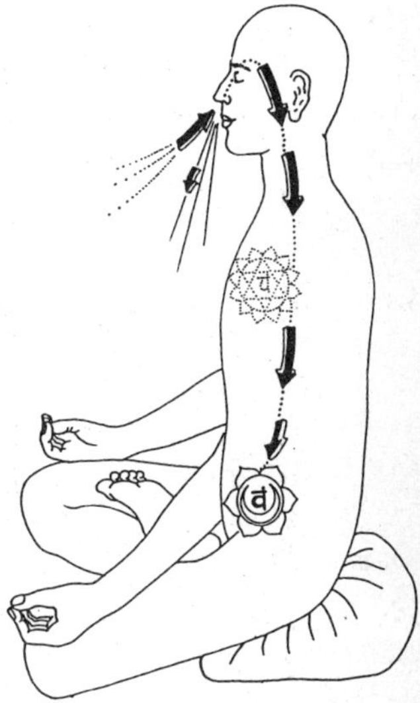

Atme ein Fünftel der Luft aus
und atme wieder ein, diesmal
bis zum Zentrum unterhalb des Nabels

Abb. 48: Die Doppelatmung

Verdichtung zu erzeugen. Die Übung wird folgendermaßen beschrieben:

> Man zieht den Atem tief durch die Nase ins Herz-Zentrum ein. Wenn man beginnt, ins Herz zu atmen, »verschluckt« man seinen eigenen Hals und versucht zu spüren, wie die Energie ins Herz-Zentrum hinunterwandert. Das Verschlukken soll eine Auflösung der Verspannungen im Hals-Chakra bewirken und der Energie erlauben, sich dort auszubreiten. Nach dem Verschlucken fährt man fort, ins Herz-Zentrum zu atmen, bis die Lungen zu ihrer höchsten Kapazität gefüllt sind. Der Atem wird im Herz-Chakra gehalten, während man etwa bis zehn zählt. Dieser Zeitraum wird sich vielleicht später, wenn man mehr Kraft gesammelt hat, etwas verlängern. Während der Zeit, in der der Atem angehalten wird, muß man versuchen, tief in das Herz-Zentrum hineinzuspüren und aus dem innersten Kern seines Wesens darum bitten, sich der kosmischen Energie (in der Atmosphäre) hingeben zu können und sie zu empfangen. Nachdem der Atem bis zehn gehalten wurde, atmet man ein Fünftel der Luft aus und gleich darauf wieder ein, wobei man seine Energie und seine Konzentration auf einen Punkt dicht unter dem Nabel richtet. Der Atem wird dann im Nabel-Chakra gehalten, ebenfalls, bis man bis zehn gezählt hat, und dann sehr langsam wieder ausgeatmet. Diese Doppelatmung kann anschließend für etwa drei Minuten wiederholt werden.

Geh die Beschreibung langsam durch, sooft wie nötig, um ein organisches Gefühl für das zu bekommen, was dabei passiert. Es gibt keine Eile. Die Reihenfolge der Handlungen ist vielleicht anfangs etwas verwirrend, besonders in dem Augenblick, wenn die Aufmerksamkeit sich auf den Unterbauch verschiebt. Wichtig ist das richtige Timing. Es ist gut, die Aufmerksamkeit auf den Unterbauch zu richten, kurz bevor man ein Fünftel der Luft herausläßt. Es gibt nichts wirklich Schwieriges dabei. Je entspannter du bist, desto leichter ist die Übung und desto größer die Wirkung.

Interpersonelle Aspekte

Der Energiefluß zwischen Menschen

Andere Menschen können unseren inneren Zustand beeinflussen. Je offener wir für ihren Einfluß sind, desto stärker wird ihr Einfluß auf unseren Zustand sein. Solche spontanen Einflüsse können wir uns beim Öffnen der Chakren zunutze machen. Wenn wir jemandem begegnen, in dem eine besondere Qualität sehr offen zutage tritt oder sehr stark ist, wird uns das in dieser Richtung beeinflussen. Wenn eine andere Person ein offenes Herz hat, wird das unserem Herzen helfen, sich zu öffnen.

Die Grundübung ist sehr einfach. Wenn eine andere Person eines unserer Chakren mit Energie versieht, müssen wir uns erst einmal darüber bewußt werden, was da geschieht. Außerdem müssen wir die Gelegenheit nutzen, um uns auf das richtige Gebiet zu konzentrieren und die Energie zu sammeln, die wir aufnehmen, wenn wir in das Chakra hinein atmen. Wir können das vergleichen mit einem kleinen Feuer, das, wenn wir hineinblasen, kräftig auflodert. In gewissem Sinn lassen wir dabei jedoch die andere Person die Arbeit tun. Wir müssen uns nur darüber im klaren sein, was während dieses Prozesses geschieht, und uns bemühen, es zu verstärken.

Die dieser Übung zugrundeliegende Strategie ist ähnlich der

geheimen tantrischen Übung[4], der sich Nonnen und Priester, die einen Zölibatseid auf sich genommen haben, unterziehen. Sie nutzen diese Übung, um einem anderen Menschen zu gestatten, ihr Herz- oder Geschlechtszentrum aus der Entfernung anzuregen. Wenn sie sich der Wirkung bewußt sind und damit richtig umgehen, können sie dadurch ihren inneren Energiefluß verstärken und gleichzeitig ihrem Gelübde treu bleiben.

Diese Übung ist sehr einfach, aber von tiefgreifender Wirkung. Normalerweise werden wir von der Wirkung anderer gefangengenommen, und unsere Energie fließt zu ihnen. Diese Methode ermöglicht es uns, die Fließrichtung umzukehren und auf der Wirkung, die andere auf uns haben, aufzubauen, um in uns selbst etwas zu öffnen.

Weiterführende Übungen

Reinigung

Vajrasattva-Reinigung[5]

Dieses Ritual ist ein typisches Beispiel für einen multidimensionalen tantrischen Ansatz. Es soll in erster Linie dazu dienen, alle bedauerlichen und schlechten Handlungen in der Vergangenheit zu sühnen. Es steht in Verbindung mit Vajrasattva, der tantrischen Gottheit, die die Macht hat, sämtliche Schwierigkeiten und Störungen zu überwinden.

Jeder Schritt wird zwar einzeln beschrieben, aber der Vollzug des Rituals sollte, nachdem der Ausübende mit dem Ablauf vertraut ist, auf natürliche Weise stufenlos von einer Ebene zur nächsten fließen.

1. Setz dich bequem hin.
2. Visualisiere Vajrasattva über deinem Kopf sitzend. In seinem Herz-Zentrum befindet sich die heilige Silbe »HUM«. Achte auf die Freude und Reinheit, die er ausdrückt und in sich birgt.
3. Rezitiere das heilige Mantra »Om Vajrasattva Hum« einhundertacht Mal.
4. Laß nach dieser Rezitation zu, daß das Ambrosia aus dem »HUM« in Vajrasattvas Herzen von oben auf deinen Kopf fließt. Sobald es durch den Scheitel deines Kopfes absorbiert wird, beginnen alle psychischen Gifte, Verfehlungen und Krankheiten, die in den Körperzellen gespeichert sind, sich aufzulösen, und fließen zur Erde.
5. Unter der Erde lauert eine Vielzahl hungriger Monstren und

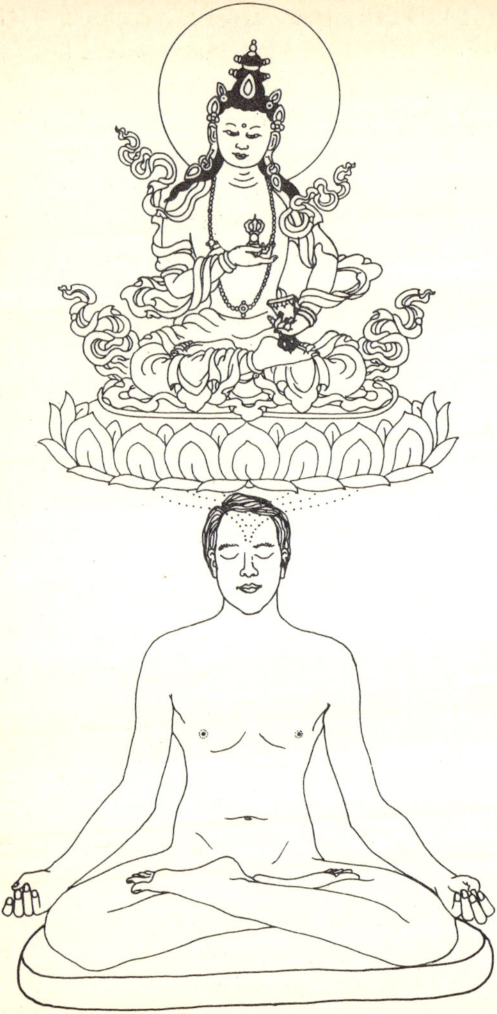

Abb. 49: Das Visualisieren von Vajrasattva über dem Kopf

Dämonen. Sie erheben sich aus dem Erdinneren, um die Gifte, die der Körper entläßt, zu verzehren, denn Gifte sind ihre natürliche Nahrung.

6. Sobald der Körper geläutert ist, verbreitet sich das Ambrosia, das in deinen Kopf geflossen ist, durch alle Chakren und füllt nacheinander drittes Auge, Hals-, Herz-, Nabel-, Geschlechts- und Basiszentrum mit Schönheit und Seligkeit.

7. Bitte in deinen eigenen Worten Vajrasattva, dir all deine begangenen Verfehlungen zu vergeben.

8. Hoffentlich wird Vajrasattva lächeln und ebenfalls seine eigenen Worte gebrauchen, um dir zu vergeben.

9. Vajrasattva wird zu Licht und vereinigt sich mit dir. Du wirst Vajrasattva!

10. Dein Körper beginnt zu schrumpfen, wird kleiner und kleiner, bis er sich in einen Lichtpunkt im Herz-Zentrum verwandelt, und schließlich wie ein verglühender Funken in der Leere verschwindet. Damit wird die Übung beendet.

Es gibt viele Erweiterungen und Variationen dieses Rituals für erfahrene Praktizierende; in den vorangegangenen zehn Punkten wird jedoch das grundlegende Gerüst gegeben.

Wenn du das erste Mal dieses Reinigungsritual versuchst, nimm dir eine halbe Stunde Zeit, damit du es entspannt durchführen kannst. Sei dir über jeden einzelnen Schritt im klaren, bevor du zum nächsten übergehst. Wenn du mit dem Ablauf vertraut bist, dauert die Übung fünf bis zehn Minuten, danach kannst du dich den anderen Chakra-Übungen zuwenden.

Eine Reinigung ist nützlich, wenn sie für sich allein steht, sie ist aber auch eine natürliche Einleitung für die Arbeit an den Chakren. Je reiner du innerlich bist, desto leichter ist es, mit den Übungen Erfolg zu haben. Wenn du verärgert, frustriert oder voller Sorgen die Übung anfängst, kann es sein, daß die gesamte

Zeit, die du der inneren Praxis widmest, lediglich dazu dient, in eine etwas bessere Ausgangsposition zu kommen, von der aus du dann wirklich beginnen kannst.

Dieses Ritual verdeutlicht einige Prinzipien, die Teil der tantrischen buddhistischen Praxis sind. Höchst charakteristisch ist die Visualisierung einer Gottheit, die mit der Funktion, die kultiviert werden soll, in Verbindung gebracht wird. Das macht die Handlung zu etwas Menschlichem und stellt sie in den Zusammenhang eines Dialoges mit einer höheren Macht, deren Hilfe gesucht wird. Das zweite ist der Gebrauch von Silben, Worten und Zahlen, um den Prozeß zusätzlich mit Energie zu versorgen. Das dritte ist der ausgiebige Gebrauch der Technik der Visualisierung. Die Gottheit, das Ambrosia, die Dämonen und weitere Elemente werden im Ablauf des Rituals visualisiert. Das vierte ist das Füllen der geläuterten Chakren mit Ambrosia als letzte Stufe ihrer Verlebendigung. Das fünfte Element ist der Austausch mit der Gottheit, indem du um Vergebung bittest und sie hoffentlich auch gewährt bekommst. Das sechste ist die Vereinigung mit der Gottheit, was den Läuterungsprozeß auf Zellebene vervollständigt. Ein siebtes Element ist schließlich das Verschwinden in der Leere, aus der die gesamte Schöpfung kommt. Auf diese Weise vermeidet es der Praktizierende, sein eigenes Ego mit der Vorstellung aufzublasen, daß er jetzt auf einer Stufe mit der Gottheit steht, was lediglich wieder ein neues Gift erzeugen würde, das in der Zukunft der Läuterung bedürfte.

Die Öffnung der Chakren

Gebet und Vorstellung[6]

In fast jeder religiösen Tradition werden in der einen oder anderen Form Vorstellung und Gebet eingesetzt. Die beiden Prozesse sind grundverschieden, so wie atmen und sich konzentrieren, aber sie ergänzen sich gegenseitig. »Gebet« heißt in unserem Zusammenhang, eine höhere Macht um Hilfe zu bitten. Die Vorstellung ist der visuelle Ausdruck des Prinzips »als ob«. Wenn du dir vorstellen kannst, daß etwas passiert, dann ist es auch möglich, daß es passiert. Die Kombination von Gebet und Vorstellung erzeugt folgenden Ablauf: Als erstes bittest du um Hilfe. Als nächstes stellst du dir so lebhaft wie möglich eine positive Beantwortung deiner Bitte vor. Dann hoffentlich geschieht es. Zur Verdeutlichung werden wir uns auf die Öffnung des Nabel-Chakras konzentrieren, obgleich wir jedes andere Chakra hätten nehmen können.

1. Um zu beten, muß das Herz-Chakra geöffnet sein, denn das Gebet muß von Herzen kommen, damit es wirksam ist. Arbeite daher ein paar Minuten mit dem Herz-Zentrum, indem du die erste Hälfte der Doppelatmung durchführst. Sobald du eine Reaktion verspürst, geh zum nächsten Punkt.
2. Laß dein Gebet von Herzen kommen. Das ist eine sehr eigenartige und vielleicht ungewohnte Erfahrung. Es fühlt sich an, als spräche eine kleine Stimme mitten aus der oberen Hälfte deiner Brust. Bitte in deinen eigenen Worten bei der Öffnung deines Nabel-Chakras um Hilfe. Dabei spielt es keine Rolle, ob du eine höhere Macht oder dein eigenes höheres Selbst bittest. Alles, was zählt, ist deine Aufrichtigkeit. Höre auf deine Stimme. Hört sie sich so an, als meintest du es wirklich ernst? Falls nicht, frag

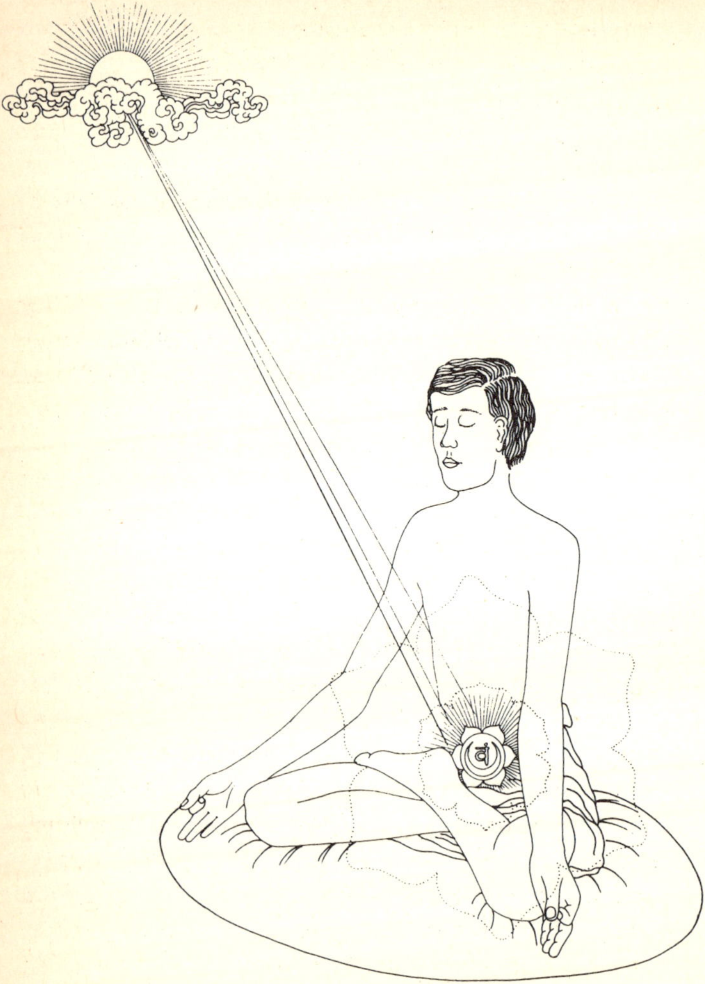

Abb. 50: Das Erblühen des Nabel-Zentrums

noch einmal. Streng dich ruhig ein wenig an und öffne dein Herz noch etwas weiter. Wenn du gefragt hast, tu nichts weiter - warte einfach ab. Sieh, was passiert. Du kannst etwas bewirken. Der ganze Zweck des Gebetes besteht darin, die Angelegenheit in fremde Hände zu legen. Alles, was du tun kannst, ist, dich hinzugeben.

Vielleicht wunderst du dich, wenn du herausfindest, daß eine Antwort ohne dein weiteres Zutun unmittelbar spürbar ist, wenn du aufrichtig mit der Stimme deines Herz-Zentrums fragst.

3. Wenn du das Vorangegangene getan hast, kannst du mit der Visualisierung beginnen. Schließe deine Augen. Fühle das Nabel-Chakra als eine große Knospe, die in deinem Unterbauch zwei Fingerbreit unter deinem Bauchnabel vergraben liegt. Von irgendwo hoch oben vor dir visualisierst du einen klaren Lichtstrahl, der auf die Knospe scheint, wie ein Sonnenstrahl, der durch ein Wolkenloch bricht. Wenn du das Licht siehst, versuche die Wärme zu spüren, die die Sonne in deinen Unterbauch bringt. Wenn dir das Bild deutlich vor Augen steht, kannst du die Öffnung der Knospe erfahren, ein Blütenblatt nach dem anderen, wie in einer Zeitrafferaufnahme. Du solltest auf jede Empfindung, die diesen Vorgang begleitet, eingehen und sie verstärken, denn Empfindungen machen die Erfahrung von einer geleiteten Phantasiereise zu einem wirklichen Ereignis. Solche Empfindungen können in einem Spannen, Zittern, in Wärme, Schmerz oder einem Gefühl des Strahlens bestehen. Sie variieren von Mensch zu Mensch und von Übung zu Übung. In ihnen zeigt sich der physiologische Aspekt der Öffnung eines Chakras. Geh immer wieder zu dem lebendigen Lichtstrahl zurück. Beobachte, wie sich langsam das Nabel-Chakra öffnet, wie eine große Chrysantheme, die sich über die Grenzen deines Körpers hinaus ausdehnt.

Wenn der Prozeß beendet erscheint, führe noch einige Doppelatmungen durch. Bitte noch einmal um Hilfe bei der Öffnung des Chakras. Und dann entspanne dich!

Die wesentlichen Strategien, die in diesem Prozeß angewandt werden, sind: die Beteiligung einer höheren Macht bei der Verfolgung deiner Absichten, indem du um Hilfe bittest; die vollständige Selbsthingabe auf deine Bitte hin, um zu ermöglichen, daß eine Antwort erfolgt; die Visualisierung des Zieles der Übung durch den Gebrauch eines passenden Bildes, in diesem Beispiel das Licht auf der Knospe.

Energie-Zirkulation

Das Ha-Ritual

Diese Übung beinhaltet den Austausch und die Zirkulation von Energien. Sie basiert auf dem Ha-Ritus der Kahunas in Polynesien[7]. Die Kahunas sehen dieses Ritual als ein Gebet auf einem hohen energetischen Niveau an, das alle drei Teile des menschlichen Wesens einsetzt, aus denen ihrer Meinung nach der Mensch besteht. Diese Teile entsprechen ungefähr den drei Körpern in der hinduistischen, buddhistischen und taoistischen Tradition. Das »niedere Selbst« entspricht dem physischen Körper, das »mittlere Selbst« ist das alltägliche Bewußtsein, jedoch auf der Ebene des feinstofflichen Körpers, und das »höhere Selbst« ist die polynesische Parallele zum kosmischen Körper. Auf relativ einfache Weise organisiert und integriert das Ha-Ritual alle drei Teile in seinem Gebet.

In der vorangegangenen Übung wurde das Gebet eingesetzt, um Hilfe bei der Öffnung eines Chakras zu erhalten. Es war also nicht notwendig, die allgemeine Problematik zu erörtern, die sich ergibt, wenn man sich etwas wünscht, denn beten heißt ja wünschen. Es gibt nämlich zwei Grundprobleme beim Wünschen. Einmal kann es passieren, daß du das, was du dir wünschst, nicht erhältst, was frustrierend und desillusionierend sein kann. Zum zweiten kann es auch passieren, daß dein Gebet erhört wird, wobei du durch Erfahrung klug werden und erfahren kannst, ob dein Wunsch weise war oder nicht. Wenn man der Moral einiger Volksmärchen Glauben schenken darf, dann wünschen sich die Leute oft Dinge, die sie später bereuen. Du solltest dir daher, selbst wenn du ein Skeptiker bist, genau überlegen, was du wünschst. Normalerweise kann es nicht schaden, etwas zu wünschen, das deiner Entwicklung förderlich ist. Wenn du dennoch Zweifel hast, kannst du dein Gebet mit den Worten enden: »Erhöre dieses Gebet nur, wenn es meiner Entwicklung nützt und anderen dabei nicht schadet.«

Es gibt im Ha-Ritual vier Schritte:

1. Atme viermal tief und langsam durch. Laß, während du atmest, dein mittleres bewußtes Selbst (alltägliches Bewußtsein) deinem niederen Selbst befehlen, die höhere Energie aus der Atmosphäre zu sammeln, und leite sie in deinen Bauch.
2. Bitte dein niederes Selbst, dein höheres Selbst anzurufen, um einen Kontakt zwischen beiden herzustellen.
3. Laß dein mittleres Selbst sein Gebet wiederholen und fühl dich so, als sei es bereits erhört worden. Es sollte sich gleichzeitig so anfühlen, als sei genug Energie im Bauch vorhanden, um weiter fortfahren zu können, und als seien alle drei Teile deines Wesens durch die Zuversicht, die sie am Ende haben, vereint.
4. Die höhere Energie, die im Bauch angesammelt wurde, kann jetzt aufwärts in den Raum über dem Kopf fließen, in dem das höhere Selbst wohnt. Gleichzeitig drückst du in Worten dein Gebet aus, während du das gewünschte Ergebnis so lebhaft wie möglich vor dir siehst. Wenn du all dies getan hast, kannst du das

endgültige Ergebnis getrost dem höheren Selbst überlassen. Diese Übung ist eine gute Möglichkeit, eine Meditationsphase zu beenden. Je besser der innere Energiefluß bereits in Gang gebracht worden ist, desto leichter wird das Ha-Ritual durchzuführen sein, und es wird dir helfen, die Phase der inneren Arbeit, die es beschließt, einzugliedern.

Es gibt eine Reihe interessanter Strategien, die in dieser Form des Gebetes angewandt werden: das Bedürfnis, zwischen den verschiedenen Teilen des eigenen Wesens eine Kommunikation herzustellen, um das gewünschte Ergebnis zu erzielen; das Bedürfnis, zusätzliche Energie anzusammeln, um den Prozeß des Gebetes zu aktivieren; die Anerkennung einer hierarchischen Struktur der verschiedenen Teile des eigenen Wesens (die am deutlichsten in der Aufopferung der vom niederen und mittleren Selbst gesammelten Energie und des Gebetes an das höhere Selbst zum Ausdruck kommt); die totale Hingabe alles Erreichten, sobald es vollbracht ist, und schließlich die Strategie, jeden Teil des eigenen Wesens nach seiner eigenen natürlichen Art funktionieren zu lassen.

Interpersonelle Aspekte

Die Arbeit mit religiöser Kunst[8]

Es ist möglich, Kunstwerke als Nahrungsquelle für den feinstofflichen Körper zu nutzen. Es gibt bestimmte Kunstwerke, besonders religiöser Art, die unter diesem Aspekt geschaffen werden. Wenn man sich auf ein heiliges Motiv konzentriert, kann man sich für die Energie, die von ihm übertragen wird, öffnen. Gleich, ob es eine Fotografie, eine Skulptur oder ein Gemälde ist, die Tatsache, daß in ihm eine höhere Seinsebene dargestellt ist, macht es zu einem idealen Transportmittel für Seelennahrung.

Zu Anfang der Übung mußt du erst einmal ein heiliges Bild finden, zu dem du dich besonders hingezogen fühlst. Dabei ist es hilfreich, wenn die dargestellte Gottheit die Augen geöffnet hat, damit es den Anschein hat, daß sie auf dich zurückschaut. Setz dich bequem hin und stell das Bild direkt vor dich hin. Wenn du deine Position eingenommen hast, fahre in der folgenden Reihenfolge fort:

1. Schließe deine Augen und führe die Übung »Inneres Lächeln« durch.
2. Fahre mit dem ersten Teil der Doppelatmungsübung fort, um dein Herz-Zentrum zu öffnen, damit du ein liebevolles und sorgendes Gefühl für das Bildnis entwickeln kannst.
3. Arbeite daran, dein drittes Auge zu öffnen, indem du von den Übungen »bewußte Atmung« und »konzentrierte Aufmerksamkeit« Gebrauch machst.
4. Öffne die Augen und schaue sanft in die Augen des Bildes.
5. Ziehe, während du einatmest, durch dein drittes Auge die Energie ein, die du aus dem Bild kommen spürst. Laß die Energie in dich hineinfließen und sich langsam zum Herz-Zentrum bewegen. Du kannst den Energiefluß als warme, bebende Empfindung wahrnehmen. Wenn du dich entspannst, ist das Gefühl unverwechselbar. Wenn du dir nicht sicher bist, ob du es spürst oder nicht, mach dir keine Gedanken darüber. Fahre einfach fort, und die Empfindung wird sich von selbst klären.
6. Je besser du die Übung vollziehst, desto lebendiger wird dir das Bild erscheinen. Es ist möglich, daß es sich bewegt und Farben oder Klänge von sich gibt. Wenn du dich auf der richtigen Spur befindest, wird das Bild auf dich zurückschauen.

Diese Übung sollte etwa zwanzig Minuten lang fortgeführt werden. Die Ergebnisse können sehr unterschiedlich sein, je nach-

Abb. 51: Zieh die Energie, die du aus dem Bild kommen fühlst, in dein drittes Auge ein und dann ins Herz-Zentrum hinab.

dem, welches Bild du auswählst, denn das Wesen des Bildes beeinflußt die Energie, die es überträgt. Wenn du verschiedene Bilder ausprobierst, werden die Unterschiede immer deutlicher. Du kannst dann deinen Bedürfnissen entsprechend ein Bild aussuchen, das eine vorhandene Eigenschaft bekräftigt, oder eines, das eine bestimmte Qualität, die dir fehlt, in so hohem Maße besitzt, daß in dir ein Ausgleich erzeugt wird.

Diese Übung ist dem hinduistischen »Puja« ähnlich, in dem von dem Adepten eine bestimmte Gottheit lebendig gemacht wird. Ebenso entspricht sie der buddhistischen Meditation über einem Thangka, die dazu dient, sich mit der dargestellten Gottheit zu vereinigen - oder der Meditation eines russisch-orthodoxen Christen vor einer Ikone, um deren besondere Schwingungen und Kraft in sich aufzunehmen. Diese Übung kann mit jedem Bild gemacht werden, aber sie ist am nützlichsten, wenn sie mit einem geheiligten Motiv vollzogen wird, das eine Ebene repräsentiert, die höher ist als unsere. Das wird sicherstellen, daß du eine höhere Form von Energie erhalten wirst.

Fortgeschrittene Methoden

Reinigung und Zirkulation

Verschmelzung

Der Ablauf dieser Übung basiert auf taoistischen Traditionen, von denen einige uns westlichen Menschen seltsam oder willkürlich vorkommen können. Eine Verbindung beispielsweise zwischen den Ohren und den Nieren erscheint vielleicht auf den ersten Blick ziemlich weit hergeholt. Es ist jedoch nicht in jedem Fall notwendig, einen Vorgang ganz zu verstehen, um ihn sich zunutze zu machen. Es ist völlig ausreichend, das Prinzip »als ob« anzuwenden und das Ziel in der Phantasie vorwegzunehmen.

Es gibt im Prozeß der Verschmelzung zwei Hauptphasen. Die erste betont die Reinigung und den Ausgleich von negativen Emotionen. Die zweite beinhaltet die Versorgung des inneren Systems mit höheren positiven Eigenschaften. Wenn der Verschmelzungsprozeß richtig und vollständig durchgeführt wird, wirkt er sich auf alle drei Körper aus. Er beseitigt Unreinheiten des physischen Körpers, verstärkt die Zirkulation der Energie des feinstofflichen Körpers und vermehrt die höheren positiven Eigenschaften, die zum Wesen des kosmischen Körpers gehören.

Um die erste Phase in Gang zu setzen, muß festgestellt werden, welche Sinnes- und inneren Organe, negativen Emotionen, Farben und Energie-Speicherplätze an dem Prozeß beteiligt sind. Die entsprechenden Korrespondenzen werden in Tabelle 6 aufgezählt. Der Prozeß wird in Gang gesetzt, indem das Sinnesorgan (das nach außen orientiert ist) mit einem inneren Organ in Verbindung gebracht wird. Durch die Konzentration nach innen

Tabelle 6

Korrespondenzen für den Verschmelzungsprozeß

	Eins	Zwei	Drei	Vier	Fünf
Sinnesorgan	Ohren	Augen	Zunge	Mund	Nase
inneres Organ	Nieren	Leber	Herz	Milz	Lunge
Emotion	Angst	Zorn	Grausamkeit	Unausgegli-chenheit	Trauer
Farbe	Blau	Grün	Rot	Goldgelb	Weiß
Speicherplatz	Damm	10 cm Rechts von Bauchnabel	Herz-Zentrum	Bauchnabel	10 cm links vom Bauchnabel

findet eine hermetische Versiegelung des Sinnesorgans statt. Wenn die Verbindung zwischen äußerem und innerem Organ hergestellt ist, kannst du ein Gefühl haben, als kämst du an einen vertrauten Ort. Das Erlebnis ist eine Art Heimkehr, wie wenn der lange vermißte Sohn wieder zu seiner Mutter zurückkehrt.

Abbildung 53 gibt den Ort der inneren Organe an.

Es ist zwar notwendig, sich die Lokalisierung der inneren Organe klar zu machen, aber noch wichtiger ist es, eine körperliche Empfindung davon zu haben, daß es sie gibt und wo sie liegen. Dieses physische Empfinden wird im Verlauf des Übens immer deutlicher.

In Abbildung 52 werden die Pa-kua gezeigt, die dazu dienen, Energien und Emotionen zu verschmelzen.

Abb. 52: Die Pa-kua

Die Pa-kua können im Körper Linie für Linie aufgebaut werden, aber für unseren Zweck ist es ausreichend, das gesamte Diagramm dann zu visualisieren, wenn es notwendig wird. Im Zentrum der Pa-kuas befindet sich ein Yin-Yang-Symbol, das sich wie ein Quirl zu drehen beginnt. Die Energien, die zu den verschiedenen Speicherplätzen gebracht werden, gelangen letztlich ins Zentrum der Pa-kuas, wo sie homogenisiert werden. Anschließend werden sie noch weiter gereinigt, indem sie die Vorderseite des Körpers hinunter und im Wirbelsäulenkanal hinauf zirkuliert werden. Die Taoisten nennen das die »mikrokosmische Umlaufbahn«.

Das vorangegangene ist ein Überblick über den ersten Teil des Verschmelzungsprozesses. Es folgt eine detailliertere Beschreibung. Mach von ihr ganz systematisch Gebrauch. Geh nicht zum nächsten Schritt über, wenn der vorangegangene noch nicht völlig klar ist.

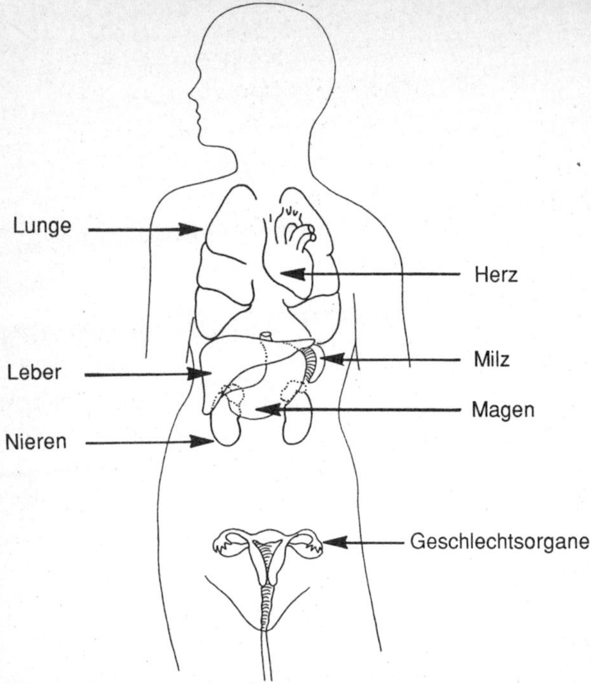

Abb. 53: Die inneren Organe

1. Sieh in Tabelle 6 nach. Richte dich nach der Ordnung der dort angegebenen Korrespondenzen, indem du mit der Verbindung Ohren-Nieren-Blau-Angst beginnst. Versuche, auf deine Nieren zu hören. Wenn du sie auf diese Weise lokalisiert hast, wende dich Abbildung 53 zu und presse die Angst, die in den Nieren gespeichert ist, aus ihnen heraus. Laß die Energie in den Speicherplatz zwischen den Beinen im Dammbereich abfließen und visualisiere sie als ein trübes Blau.

Gehe jetzt die nächsten vier Schritte durch, die in Tabelle 6 zusammengefaßt sind. Halte dabei genau dieselbe Reihenfolge ein: Sinnesorgan, inneres Organ, Speicherplatz. Am Ende werden alle fünf negativen Emotionen aus ihren entsprechenden Organen ausgepreßt und zu ihren Speicherplätzen geschickt worden sein.

2. Visualisiere die in Abbildung 52 dargestellte Pa-kua und bewege sie in deinen Bauch, wobei das Zentrum genau auf deinem Bauchnabel liegt.
3. Laß das kreisende Yin-Yang-Symbol im Zentrum des Pa-kua die Energie aus den verschiedenen Speicherplätzen (zu beiden Seiten des Bauchnabels, am Damm und im Herz-Zentrum) abziehen und vermische sie für dreißig Sekunden im Zentrum des Pa-kua.
4. Zirkuliere diese homogenisierte Energie in der mikrokosmischen Umlaufbahn, die Vorderseite des Körpers hinunter und die Wirbelsäule hinauf, mindestens dreimal. Wenn du damit fertig bist, speichere die Energie im Nabel, indem du sie an diesem Punkt in den Körper eintreten läßt.

Die zweite Phase des Verschmelzungsprozesses ist ein Spiegelbild der ersten. Nachdem du nun die negativen Emotionen aus den Organen, in denen sie gespeichert waren, gereinigt und geläutert hast, werden ihre positiven Komplementärqualitäten mit Hilfe eines Prozesses, der als der »schöpferische Zyklus« bekannt ist, wieder an die Organe zurückgegeben.

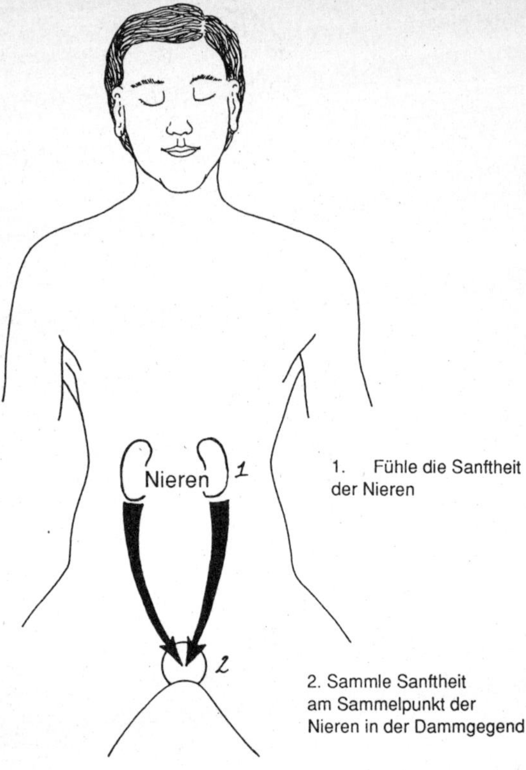

Abb. 54: Der erste Teil der Verschmelzungsübung

1. Konzentriere dich auf die Nieren. Spüre die Sanftheit (blau), die sich hier bildet. Laß sie in den Sammelpunkt am Damm fließen.
2. Laß diese Energie sich zur Leber bewegen, wo sie sich als Freundlichkeit (grün) manifestiert, und allmählich in den Sammelpunkt der Leber überfließt.

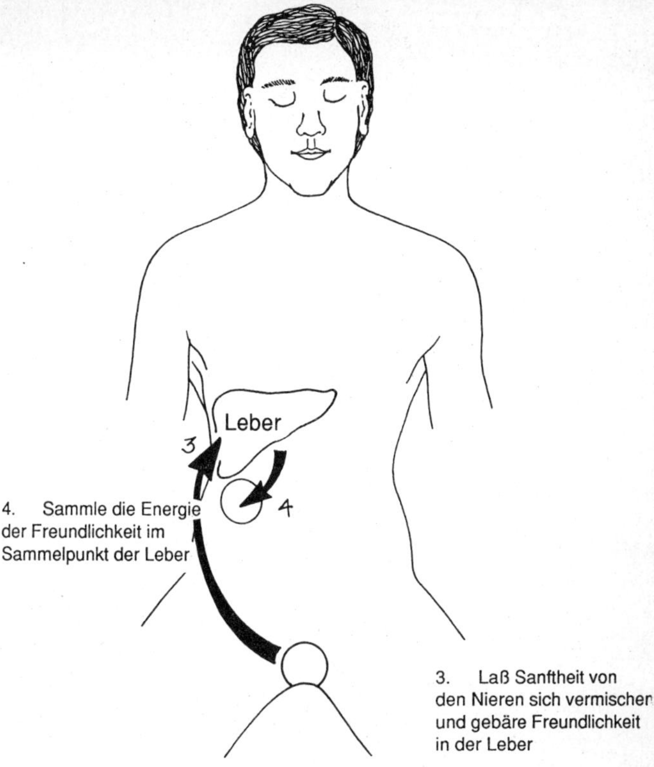

Abb. 55: Der zweite Teil der Verschmelzungsübung

3. Laß diese Energie zum physischen Herzen (rot) fließen, wo sie sich als Respekt manifestiert und allmählich in den Sammelpunkt des Herzens überfließt.
4. Laß diese Energie in die Milz (goldgelb) fließen, wo sie sich als Aufrichtigkeit und Gleichmut manifestiert und im Sammelpunkt des Bauches im Zentrum des Pa Kua gesammelt wird.

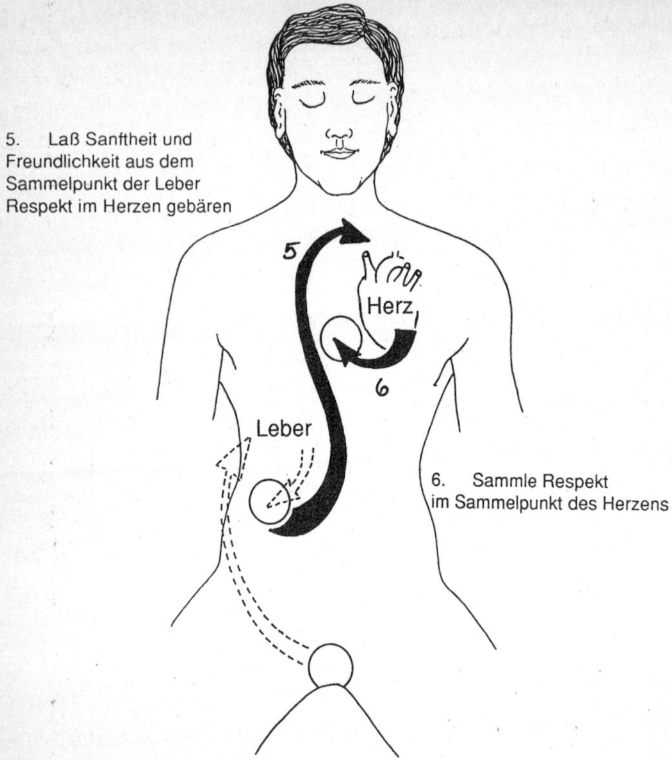

Abb. 56: Der dritte Teil der Verschmelzungsübung

5. Laß diese Energie in die Lungen (weiß) fließen , wo sie sich als Würde und Rechtschaffenheit manifestiert und im Sammelpunkt der Lunge gesammelt wird.
6. Wiederhole den gesamten Zyklus noch zweimal und beende ihn im Sammelpunkt der Nieren am Damm.

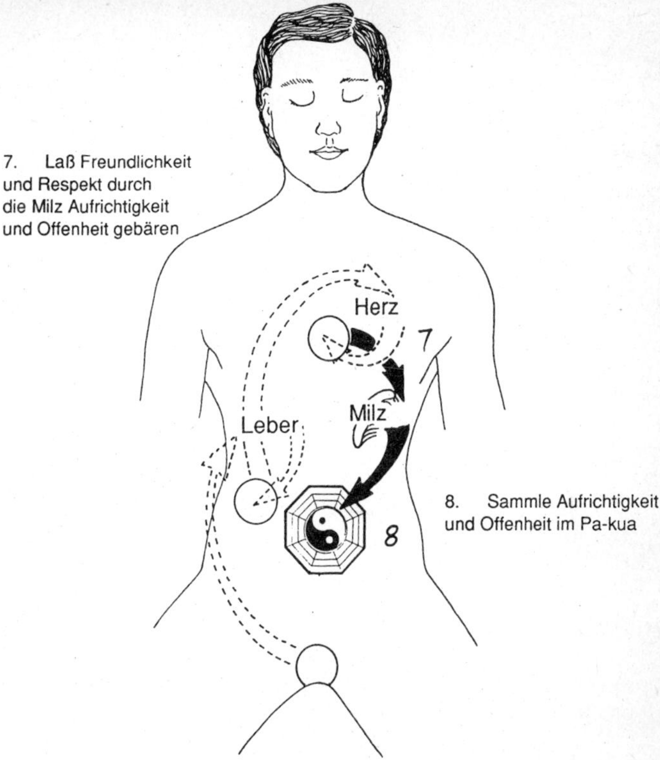

Abb. 57: Der vierte Teil der Verschmelzungsübung

7. Zirkuliere die Energie mindestens achtmal in der mikrokosmischen Umlaufbahn.
8. Sammle die verfeinerte Energie im Mittelpunkt des Körpers auf der Höhe des Bauchnabels.

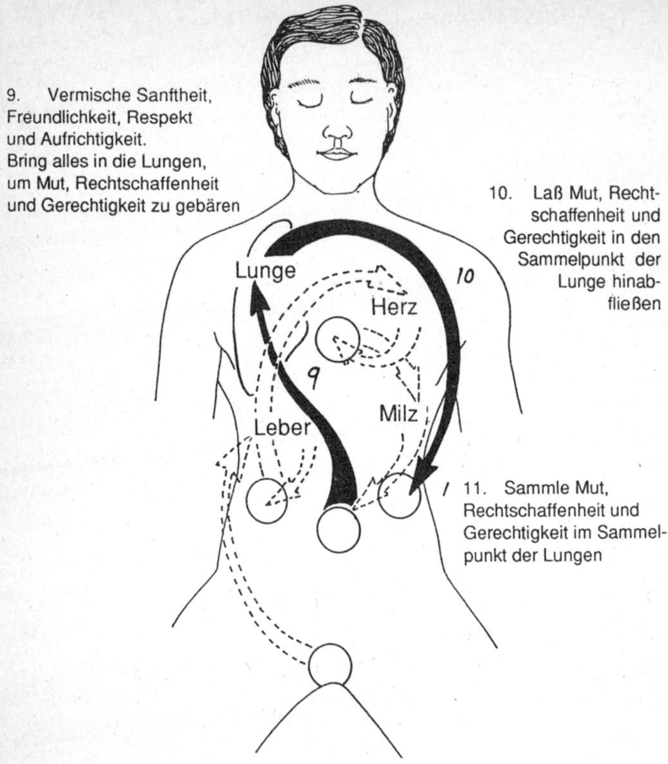

Abb. 58: Der fünfte Teil der Verschmelzungsübung

Die Farbe, die mit der jeweiligen emotionalen Eigenschaft assoziiert wird, ist ein nützlicher Indikator für die Wirksamkeit des Prozesses. In der ersten Phase, wenn die negative Emotion aus dem Organ gepreßt wird, sollte die Farbe eher trübe sein. In der zweiten Phase, wenn die höhere Qualität in das Organ eingeführt wird, sollte die Farbe klar und leuchtend sein. Wenn das nicht der

Fall ist, ist die Reinigung noch nicht vollständig, und der Schritt sollte noch einmal wiederholt werden.
Die Verschmelzung ist ein subtiler und komplexer Prozeß. Unsere Darstellung ist eine sehr vereinfachte Version. Eine vollständige Erklärung findet sich in dem kürzlich erschienenen Buch von Mantak und Maneewan Chia: *Tao-Yoga der inneren Alchemie.*[9]

Das Öffnen der Chakren

Die Chakra-Tiere

Diese Übung wird hier in ihrer modernen Form wiedergegeben[10]. Sie basiert jedoch auf dem in der Antike weit verbreiteten Verständnis, daß die Chakras mit verschiedenen Arten animalischer Energie in Verbindung stehen. In älteren Systemen wie Hinduismus und Buddhismus haben diese Assoziationen eine lange Tradition. In dem Ansatz, der im vorliegenden Buch vertreten wird, kann jeder die Tiere, die mit den einzelnen Chakren assoziiert werden, in einer spontanen Endeckungsreise selbst herausfinden. Diese Ausrichtung ähnelt ein wenig der »geheimsten Methode« der tibetischen Buddhisten, in dem jeder diejenige Methode, die für ihn am besten funktioniert, durch schöpferisches Experimentieren selbst herausfindet.

Dabei sollte man drei Schritte beachten:

1. Bereite dich auf eine Visualisierung vor, indem du irgend etwas tust, das dich entspannt. Die Übung des »inneren Lächelns« ist ein guter Ansatz.
2. Konzentriere dich auf die Stirn. Sei dir jeglicher Energien und emotionaler Qualitäten, die dort vorhanden sind, bewußt. Laß diese Energien sich in ein Tier verwandeln es wird geschehen, -

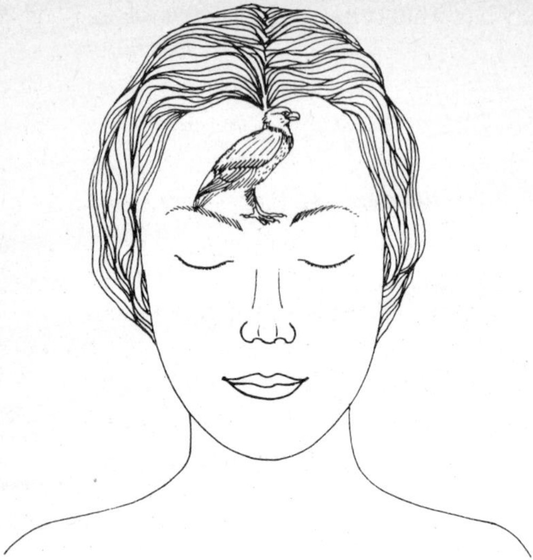

Abb. 59: Das Tier auf der Stirn

wenn du es einfach zuläßt. Achte darauf, wie dieses Tier aussieht und was es tut. Nach einer Weile nimm Kontakt mit dem Tier auf. Frage, ob es eine Botschaft für dich hat. Finde seinen Namen heraus. Am Schluß des Gesprächs bedanke dich bei dem Tier dafür, daß es gekommen ist, und versichere ihm, daß du in näherer Zukunft wiederkommen wirst.

3. Wiederhole den Prozeß, der in Punkt 2 beschrieben ist, für jedes Chakra, eins nach dem anderen. Laß dir Zeit! Am Schluß wirst du mit jedem Chakra ein eigenes Tier assoziiert haben.

Dieses Vorgehen gehört in den Bereich der individuellen Mythologie. Im Gegensatz zu vielen vorangegangenen Übungen ist es schwierig, von vornherein zu sagen, was passieren wird. Je überraschender jedoch das Gespräch zwischen dir und dem Tier wird, desto besser.

Der oben beschriebene Prozeß ist erst der Anfang. Er stellt sozusagen nur »die Besetzung« des Stückes fest. Das nächste Mal, wenn du die Übung machst, kannst du da anfangen, wo du das vorige Mal aufgehört hast. Achte darauf, ob sich die Tiere in der Zwischenzeit irgendwie verändert haben. Bringen sie jetzt etwas anderes zum Ausdruck? Ihre gesamte Erscheinung ist geladen mit persönlichen Symbolen und kann deinen persönlichen Prozeß der Transformation entscheidend beeinflussen. Es ist anzuraten, die Beobachtungen jeder Sitzung schriftlich festzuhalten, damit eventuelle Veränderungen deutlich nachvollziehbar sind.

Die Tiere sind Aspekte deiner inneren Welt. Sie sollten deine Freunde werden. Sie sind in der Lage, Aspekte deines Wesens zu erklären, die du bisher nicht verstanden hast. Dazu mußt du jedoch erst ihr Vertrauen gewinnen. Dann mußt du sie fragen, was du wissen willst. Es ist ein kontinuierlicher Prozeß, wie eine Beziehung. Wiederhole den Prozeß ein- oder zweimal pro Woche für drei Wochen. Dann schau dir noch einmal deine Aufzeichnungen an, und du wirst eine gute Ausgangsbasis haben, um festzustellen, wie wirksam die Übungen waren,

Zwischenmenschliche Aspekte

Konfigurationen

In jeder spirituellen Praxis, bei der ein zwischenmenschlicher Austausch stattfindet, ist es notwendig, sich darüber im klaren zu sein, wie und wem man sich öffnet. Wenn man mit einem anderen Menschen meditiert, kann es geschehen, daß alles, was passiert, ein Austausch von Giften ist, oder daß du etwas wegnimmst, was der andere braucht, ohne viel dafür zu geben.

Die Konfigurationsmethode vermeidet diese Probleme, indem sie eine vermittelnde Instanz schafft, die als Sender und Empfänger der benötigten Energien funktioniert und sie in der richtigen Dosierung und im richtigen Verhältnis überträgt. Das klingt vielleicht zu schön, um wahr zu sein, aber Erfahrungen mit einer Reihe von Menschen in verschiedenen Konfigurationen haben gezeigt, daß die Methode ebenso sicher wie effektiv ist.

Die Methode kann mit zwei oder mehreren Menschen praktiziert werden. Wenn es nur zwei sind, sollten sie sich einander gegenübersitzen und ansehen. Wenn es drei sind, sollten sie im Dreieck sitzen. Bei mehreren ist ein Kreis die natürliche Anordnung. Nachdem man sich in entsprechender Weise hingesetzt hat, fährt man folgendermaßen fort:

1. Jede Person sollte ihre Aufmerksamkeit auf den Mittelpunkt der Konfiguration richten und dabei die anderen nur im Augenwinkel beobachten.
2. Tut das so lange, bis ihr fühlt, wie der Mittelpunkt lebendig wird, so, als ob jeder, einschließlich dir selbst, aus diesem Punkt käme. An diesem Punkt wird durch eure gemeinsame Anstrengung ein Bindu hergestellt, aus dem ein Mandala entsteht, von dem ihr ein Teil seid. Von dem Punkt aus kann sich kreative

Abb. 60: Das Abziehen von Energie aus einem Punkt im Raum

Energie in alle Richtungen ausbreiten. Das Zentrum ist ein Tor zu Energien aus den Tiefen der Erde und, über die Erde hinausgehend, aus anderen Dimensionen. Es ist ein Punkt der Manifestation normalerweise unzugänglicher Ebenen, von dem jeder Teilnehmer der Konfiguration profitieren kann, denn alle haben geholfen, ihn zu erschaffen. Niemand bezieht sich direkt auf einen anderen. So können die anfangs beschriebenen Schwierigkeiten überhaupt nicht erst auftreten.

Die hier gegebenen Informationen erheben nicht den Anspruch auf Vollständigkeit, sollten dir jedoch genügend Stoff liefern, um auf eigene Faust auf eine Erkundungsreise in die inneren Dimensionen zu gehen, ohne auf weitergehende Informationen angewiesen zu sein.

Schlußbemerkung

Du hast mit diesem Buch eine Reihe von Übungen verschiedener Schwierigkeitsgrade erhalten, die du nutzen kannst, um in Kontakt mit deinem feinstofflichen Körper zu kommen und von ihm Gebrauch zu machen. Wenn du die Übungen anwendest, wirst du irgendwann an einen Punkt kommen, an dem das präsentierte Material nicht mehr ausreicht, um dich weiterzubringen.

Weiterführendes Material steht in vielfältiger Form zur Verfügung: Bücher mit spirituellen Übungen, Audio- und Videokassetten, Seminare mit persönlicher Anleitung. Es gibt viele Möglichkeiten. Das Wichtigste ist, daß du dir deine Bedürfnisse deutlich machst und nicht zögerst, ihnen nachzugehen, wenn du an diesen Punkt kommst.

Jenseits dieser Alternativen stellt sich die ernste Frage, ob du dich einem bestimmten Lehrer oder einer Lehre anschließen solltest. Ein Schüler-Lehrer Verhältnis ist der traditionelle Weg des spirituellen Studiums, und er hat viele Vorteile, vorausgesetzt, der Lehrer ist gut und kümmert sich um das Weiterkommen der

Schüler. Das kann nicht unbedingt in jedem Fall vorausgesetzt werden. Unser Rat ist jedenfalls, wenn du dich zu einem bestimmten Weg hingezogen fühlst, deinen gesunden Menschenverstand sowie einen gemäßigten Skeptizismus zu bewahren, während du dich auf deinem persönlichen Pfad ins Licht vorwärtsbewegst.

Anmerkungen

Erster Teil

Der feinstoffliche Körper - Hintergrund, Geschichte und Überlieferungen

Kapitel 1

Das wiederkehrende Motiv

1. Gunther, Bernard, *Energy Ecstasy*, Los Angeles, Guild of Tutors Press, 1978
2. Krishnamurti, Jiddu, *Einbruch in die Freiheit*, hrsg. v. M. Lutyens, Berlin, Ullstein, 1988
3. Om, Shri Sadhu, *The Path of Shri Ramana Maharshi* (Part One), Berkeley, Asian Humanities Press, 1981

Kapitel 2

Die hinduistische Traditionen

1. Hillebrand, Alfred, Hrsg. & Übers., *Upanishaden - die altindische Weisheit*, Düsseldorf, Diederichs, 1958, S. 126
2. Evans-Wentz, W.Y., *Tibetan Yoga and Secret Doctrines*, London, Oxford University Press, 1958
3. Rama, Swami, *Path of Fire and Light*, Honesdale, Himalayan Publishers, 1986
4. Avalon, Sir Arthur, *Die Schlangenkraft - die Entfaltung schöpferischer Kräfte im Menschen*, München, O.W. Barth, 1979, 3. Auflage

Kapitel 3

Buddhistische Systeme

1. Ehrw. Khenpo Karthar Rinpoche im persönlichen Gespräch
2. Blofeld, John, *The Tantric Mysticism of Tibet*, New York, Dutton, 1970
3. Gyatso, Geshe Kelsang, *Clear Light of Bliss*, London, Wisdom, 1982
4. *Ebd.*, S. 23
5. Yogi Chen, C.M. *Discriminations between Buddhist and Hindu Tantras*, als Manuskript im Privatdruck herausgegeben, erhältlich von Dr. C.T. Shen, 555 Madison Ave., N.Y.C., N.Y., 10022, U.S.A.
6. Gyatso, Geshe Kelsang, *op, cit.*, S. 188
7. Blofeld, John, *op. cit.*, S. 189f
8. Govinda, Lama Anagarika, *Der Stupa - Psychokosmisches Lebens- und Todessymbol*, Freiburg, Aurum, 1978
9. Gyatso, Geshe Kelsang, *op. cit.*
10. Yogi Chen, C.M., *op. cit.*
11. Govinda, Lama Anagarika, *Grundlagen Tibetischer Mystik*, München, O.W. Barth, 1982, 5. Auflage
12. Namgyal, Rinpoche, *The Womb of Form*, Ottawa, Crystal Work Publications, 1981
13. Gyatso, Geshe Kelsang, *op. cit.*, S. 22f
14. Clifford, Terry, *Tibetische Heilkunst*, München, O.W. Barth, 1989

Kapitel 4

Der taoistische Ansatz

1. Wilhelm, Richard, *Tao Te King*, Köln, Diederichs, 1976, S. 41
2. Wilhelm, Richard & Jung, Carl Gustav, *Das Geheimnis der Goldenen Blüte - ein chinesisches Lebensbuch*, Olten und Freiburg, Walter, 1981, 14. Auflage

3. *Ebd.*, S. 85
4. Chia, Mantak, *Tao-Yoga des Heilens - die Kraft des inneren Lächelns*, Interlaken, Ansata, 1987
5. Huang Ti, der »gelbe Kaiser«
6. Luk, Charles, *Taoist Yoga*, York Beach, Weiser, 1973
7. Chia, Mantak & Maneewan, *Tao-Yoga der inneren Alchemie*, Interlaken, Ansata, 1990

Kapitel 5

Andere Traditionen

1. Anonymus, »Human Vital Force in Other Systems«, *The Psychic Observer & Chimes*, Vol. XXXVIII Nr. 3, Oct-Dec 1978, S.241f
2. Katz, R., »Education for Transcendence, Lessons from the Kung Zhu Twasi«, *Journal of Transpersonal Psychology*, 2. November 1973
3. Harvey Wassermann im persönlichen Gespräch
4. Waters, Frank, *Meine Zeit mit den Hopis*, ohne Ortsangabe, Im Waldgut, ohne Jahresangabe
5. Charles Lawrence im persönlichen Gespräch
6. Ferguson, George, *Signs and Symbols in Christian Art*, New York, Oxford Press, 1954
7. French, R.M., Übers., *The Way of a Pilgrim*, New York, Seabury, 1970
8. Cayce, Edgar, *A Commentary on the Book of the Revelation*, Virgina Beach, A.R.E. Press, 1970
9. Ouspensky, P.D., *Auf der S uche nach dem Wunderbaren*, München, O.W. Barth, 1978
10. zum Beispiel, »The Lost Gospel of Jesus, The Hidden Teachingsof Christ« (*The Sacred Teachings of Light*, Codex VIII Ser.), 1984, XV, S. 91
11. Cartwright, Fairfax, *The Mystic Rose from the Garden of the*

King, London, Watkins, 1976
12. Fortune, Dion, *Die mystische Kabbala*, Freiburg, Bauer, 1990, 2. Auflage

Kapitel 6
Schlußfolgerungen

1. Neff, Dio Urmilla, »The Great Chakra Controversy«, *Yoga Journal*, Nov./Dez. 1985
2. Dürckheim, Graf Karlfried, *Hara - die Erdmitte des Menschen*, Weilheim, O.W. Barth, 1967
3. Gyatso, Geshe Kelsang, *op. cit.*
4. Chia, Mantak, *Tao -Y oga Eisenhemd Chi Kung*, Interlaken, Ansata, 1989
5. Gyatso, Geshe Kelsang, *op. cit.*
6. Luk, Charles, *op. cit.*
7. Jung, Carl Gustav, »Die Psychologie der Übertragung«, *Praxis der Psychotherapie, Gesammmelte Werke, Band 16*, Olten und Freiburg, Walter, 1984, 4. Auflage

Zweiter Teil
Die Erweckung des feinstofflichen Körpers

1. Chia, Mantak, *Tao-Yoga des Heilens - die Kraft des inneren Lächelns*, Interlaken, Ansata, 1987
2. Achtsamkeit ist das Herz der meisten Meditationen, Atem bewußtheit die Basis des Pranayama, auf der die weiterführenden Atemübungen aufbauen.
3. Rudrananda, Swami, *The Nature of S piritual Work*, Big Indian, RBIC Press, 1988, S. 10f
4. Garrison, Omar, *Tantra - Yoga der Liebe*, München, Knaur, 1990
5. Blofeld, John, *op. cit.*, S. 150-163

6. Das Gebet ist so gut wie allen religiösen Traditionen gemeinsam, auch die Technik der Visualisierung ist wesentlich weiter verbreitet, als man zuerst annehmen würde. Der tibetische Tantrismus jedoch hat die Technik der Visualisierung zu ungekannten Höhen verfeinert. Die Beschreibung einer tibetischen Visualisierungsübung kann bis zu 10 Seiten lang sein!
7. Moum, Margaret, »The Ha Rite«, *Psychic Oberserver & Chimes*, Vol. XXXVIII, Nr. 3, S. 232-237
8. Religiöse Kunst wirkt für spirituelle Energien als eine Art Relaisstation. Um ihre tiefere Botschaft aufnehmen zu können, müssen wir uns ihr hingebungsvoll öffnen. Russische Ikonen veranschaulichen recht gut den Geist solcher Kunst. Man nähert sich ihnen traditionell in der Gebetshaltung.
9. Chia, Matak & Maneewan, *Tao-Yoga der inneren Alchemie*, Interlaken, Ansata, 1990
10. Gallegos, Eligio, S., »Animal Imagery, the Chakra-System and Psychotherapy«, *Journal of Transpersonal Psychology*, 1983, Vol. 15. Nr.2, S. 125-135

Index

S. Sharamon / B. J. Baginski

Das Chakra-Handbuch

Vom grundlegenden Verständnis zur praktischen Anwendung

Dieses Buch bietet eine umfassende Anleitung zur Harmonisierung unserer feinstofflichen Energiezentren. Das Wissen um die Chakren vermittelt uns tiefe Einsichten über die Wirksamkeit der subtilen Kräfte im menschlichen Organismus. Zur praktischen Chakra-Arbeit beschreibt das Buch präzise eine Fülle von Möglichkeiten: die Anwendung von Klängen, Farben, Edelsteinen, Mantren und Düften mit ihren spezifischen Wirkungen auf die einzelnen Energiezentren, ergänzt durch verschiedene Meditationen, Körperübungen, Atemübungen, Naturerfahrungen
256 Seiten, DM 19,80
ISBN 3-89385-038-4

Shalila Sharamon, Bodo Baginski
& Merlin´s Magic

Chakra-Meditation

Eine akustische Reise nach innen zu den Zentren der Kraft.

Chakra-Meditation entführt den Zuhörer mit subtilen Klängen in seine inneren Welten. Die Kompositionen, die Töne, die Instrumentierung und die fein in die musikalische Struktur eingewobenen Naturklänge sind ein faszinierendes und inspirierendes Werk, das in der Welt der meditativen Musik neue Maßstäbe setzt.
>Kassette einlegen, zurücklehen, entspannen, zuhören.< Und schon beginnt ein faszinierendes Abenteuer, eine Reise nach innen, zu den Zentren der Kraft.

MC + Booklet in Box, DM 29,80
ISBN 3-89385-060-0

Dr. Paula Horan

Die Reiki Kraft

Das Handbuch für persönliche und globale Transformation

Reiki ist die von einem Reiki-Meister durch Initiation erweckte universale Lebenskraft, eine Kraft, die Teil eines globalen Energienetzes ist, und die wir in uns entdecken und zur Wiederherstellung der ursprünglichen Harmonie aller Lebenserscheinungen einsetzen können. Paula Horan macht uns mit einer Reihe von Übungen vertraut, um Reiki unmittelbar, in jeder Situation und Begegnung anzuwenden.
Das Buch ist ein Basis-Werk, das Reiki auch im Zusammenhang mit der humanistischen Psychologie und esoterischen Überlieferung darstellt.

192 Seiten, DM 19,80
ISBN 3-89385-049-X

Marianne Uhl

Chakra-Orgel (Set)

Das vollständige Programm zur Aktivierung der Chakra-Energien

Mit diesem System wird die Erfahrung der Chakren zu einem sinnlichen Erlebnis, zur universellen Erkenntnis.
Sieben Chakren, für jedes Chakra ein Set mit den speziellen Chakra-Schwingungen. Die Chakren werden erfahrbar durch auf das jeweilige Chakra abgestimmte Musik, eine Meditationsanleitung, einen Duft, einen Edelstein und eine Farbe.

Für jedes Chakra ist ein Set erhältlich.
Komplett mit Kassette, Edelstein, Duftöl und Buch DM 54,-, alle sieben Sets zusammen, DM 378,-- ISBN 3-89385-046-5

Jamie Sams/ David Carson

Karten der Kraft

Ein schamanistisches Einweihungs-Spiel in den "Pfad der Tiere"

"Karten der Kraft", ein faszinierendes indianisches Orakelspiel. Indianische Weisheit, die uns auf Fragen zur Vergangenheit wie für die Zukunft gleichermaßen Auskunft oder Rat geben kann. Die "Karten der Kraft" sind Medizinkarten, mit ihrer Hilfe werden wir stark wie ein Bär, scharfblickend wie ein Adler, leben aus dem Überfluß des Büffels... Eine Orakel-Methode in der Tradition des Wolf Clans, mit der wir unseren Weg durch die Medizin der Tiere finden können.

Buch (240 S.) u. 44 Karten,
DM 49,80 ISBN3-89385-037-6

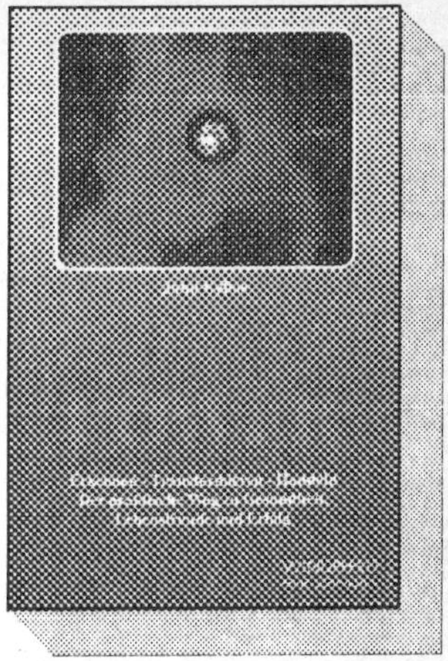

John Kehoe

MIND POWER

Der praktische Weg zu Gesundheit, Lebensfreude und Erfolg

Die Botschaft von Mind Power ist einfach aber wichtig: Agieren, nicht Reagieren; im Bewußtsein die Samen anlegen, aus denen eine heilsamere Wirklichkeit wachsen kann; aus gesunder Vorstellung gestalten - im eigenen Dasein, in der Partnerschaft, in allen menschlichen Beziehungen. Es ist kein Buch über positives Denken, sondern ein Buch über die Kraft des Denkens, die wir zu unserem Schaden, aber auch zu unserem Glück einsetzen können.
Dieses Buch gibt uns das Werkzeug dazu in die Hand.

160 Seiten, DM 16,80
ISBN 3-89385-051-1

Alan W. Watts

Was hält das Zeug

Beziehungen zwischen Mensch und Materie

Grundthema dieses Werkes von Alan Watts ist die Beziehung des Menschen zu seiner materiellen Umwelt. Er beschreibt das Mißverständnis zwischen Symbol und Wirklichkeit und die Vorliebe des westlichen Menschen, die Welt, wie er sie mißt und beschreibt, mit der richtigen Welt zu verwechseln, mit anderen Worten, die Speisekarte statt der Speisen zu verzehren. Ausschließlich auf Zahlen und Begriffe fixiert, entfremdet sich der Mensch zunehmend von der Natur und übersieht dabei seine völlige Abhängigkeit von einer intakten Natur und Umgebung.

128 Seiten, DM 19,80
ISBN 3-89385-202-6

Chögyam Trungpa

Mudra

**Gesten der Weisheit
Erkenntnisse und Gedichte
eines tibetischen Meisters**

In Mudra ist eine Auswahil verschiedenster "Gesänge" und spontaner Gedichte aus der Feder Chögyam Trungpas veröffentlicht. Die Liebhaber von klassischen Texten finden in "Mudra" eine übersichtliche Darstellung der Yanas, der verschiedenen "Fahrzeuge". die Übersetzung eines Maha-Ati-Meditationstextes, der letzten großen Wahrheit, der Chögyam Trungpa von seinen Lehrern übermittelt wurde und eine besondere Auslegung der Bilder vom Ochsen und Hirten, einem klassischen Zen-Text.

128 Seiten, DM 16,80
ISBN 3-89385-062-7